MW01170400

La metamorfosis de una madre

ANA ACOSTA RODRÍGUEZ

Título: La Metamorfosis de una madre
Autora: Ana Acosta Rodríguez

Copyright © 2020 Ana Acosta Rodríguez

©Independently published 1a Edición Junio, 2020

2a Edición Marzo, 2021

3a Edición Mayo, 2021

4a Edición Marzo, 2022

Corrección de texto: Paloma del Castillo

Ilustración de portada: https://www.freepik.es/vector-premium/conjunto-tarjeta-felicitacion-celebracion-dia-madrefeliz_4372457.htm#page=2&query=tarjeta+felicitac ion+dia+de+la+madre+feliz&position=42

Fotografía Interior: Monika Marchewka

Todos los derechos reservados.

ISBN: 9798652190460

A mis gurús, Max y Amy Felicitas,
por devolverme la humanidad y señalarme el camino.

A mi marido,
por ser sensei, socio, espejo, brújula y ancla.

A mis padres, hermanos, abuelos y suegros,
por su amor, templanza y presencia.

A mis amigas y amigos del mundo entero,
por ser guías y reflejo.

A mi tribu virtual de mamás,
por el apoyo y la confianza.

A la energía universal y creadora que mora en mí,
por el regalo de vivir y dar vida.

Contenido

INTRODUCCIÓN

Cuando nació mi primer hijo me sentí muy sola. Primero lo atribuí a que estaba lejos de mi familia, ya que vivía a nueve mil kilómetros de mi país de origen. Tiempo después y hablando con otras madres que contaban con la presencia cercana de sus familiares y amigas de siempre y aun así se sentían desamparadas, me di cuenta de que lo que estábamos experimentando era una soledad emocional compartida, nacida del querer criar de otra manera, siguiendo los instintos, nadando a contracorriente. Al hacerlo, estábamos solas en contra de todo lo establecido socialmente, en contra de todos los paradigmas. Esa soledad tiene que ver, por un lado, con una sensación de no tener con quién hablar de las inquietudes maternales, y no porque no haya con quién hacerlo, sino porque a ese entorno no le interesa o no le parece válida nuestra experiencia o nuestra inquietud. También tiene que ver con el aislamiento al que nos enfrentamos las madres con bebés y niños pequeños: las calles no están acondicionadas para pasear con un cochecito, muchos restaurantes bares o lugares públicos no están preparados para los peques y, lo que es peor aún, a gran parte de la sociedad le molestan los bebés, les aturde la infancia. Por lo que no es de extrañar que una mamá decida quedarse encerrada en casa para ahorrarse los juicios y críticas por dar teta, por ocupar la acera con su cochecito, por no saber «corregir» a un «niño berrinchudo», para evitarse miradas de horror cuando su criatura llora. Cada vez más solas, cada vez más aisladas. Esto es incluso más intenso para quienes no regresan a sus trabajos formales, porque aquellas que lo hacen, aunque sea, tienen un entorno adulto con el que hablar de algo más que de los hijos. Siendo además real que para esta sociedad culpógena y adultocéntrica sin importar lo que una madre decida, siempre habrá algo que esté haciendo mal, siempre habrá algo que pueda hacer mejor. Lo paradójico es que este juicio de valor no recae sobre los padres de la misma manera.

Por otra parte, no todo es sombra en la maternidad actual, hay luz, mucha luz y es la que viene de los hijos quienes terminan por ser nuestros grandes maestros. Al principio dudamos si estamos haciendo las cosas bien, si es conveniente seguir el instinto, la intuición materna. Con el tiempo nos damos cuenta de que sí, que sí estábamos en lo correcto y eso lo podemos evaluar al ver el crecimiento y desarrollo de nuestros peques. No hay nada más revolucionario que una criatura que ha desarrollado su inteligencia emocional, que se quiere, se valora, que es perseverante, que tiene su propia voz, que no tiene miedo de sus padres, sino que los respeta y confía en ellos porque también se siente respetado. Aun así, creo que, el cuestionarnos constantemente si lo estamos haciendo bien o no, seguirá siempre latente, y eso es positivo si esta reflexión nos ayuda a hacer ajustes, a trabajar en nuestras debilidades, miedos, limitaciones, siempre teniendo presente que damos lo mejor de nosotras, dejando la culpa y el perfeccionismo de lado.

Lo que leerás a continuación, se gestó sobre la base de mis experiencias   a corazón abierto transitando una maternidad niñocéntrica y solitaria. No vas a encontrar nada sobre desarrollo infantil o consejos de maternidad, solo una visión, una reflexión, vulnerable, a carne viva poniendo en palabras mis sentimientos, aprendizajes, cuestionamientos en mi metamorfosis como mamá. Espero que en mis palabras te veas reflejada, y te sientas acompañada. Reflejarse en otras, leer algo y sentirse absolutamente identificada es sanador y nos libera un poco de tanta carga, de tanta culpa. Hablar con otras en nuestra misma situación, compartir, hacer catarsis, sacarlo de adentro es una forma de descomprimir, de sentirse contenida, abrazada y eso es lo que pretendo hacer con este libro, esa es la misión de mis escritos: darte voz, hacerte visible y recordarte que: «lo estás haciendo bien».

1 CUANDO NACE UN HIJO, NACE UNA MADRE

En mi *baby shower* lo pasé fatal

Recuerdo que mis conocidas me decían medio en broma, medio en serio: «duerme ahora porque no vas a poder dormir nunca más», «no te vas a poder duchar más sola», «vas a ir al baño siempre con la puerta abierta», «nunca más vas a tomar un café caliente» y yo pensaba que exageraban, que lo decían en sentido figurado. Me sorprendió también y me dio un poco de ansiedad escuchar que al menos tres de las mamás que tenían bebés en ese grupo se estaban separando y yo no entendía la razón: «¿no se suponía que tener hijos te unía más con tu pareja?» Durante el tiempo que duró la reunión sentí pena por muchas de ellas, parecía que no tenían vida más allá de los hijos. Pasaron la reunión hablando de ellos, mostrándose fotos, no había otro tema de conversación. Me sentí sapo de otro pozo, pero estaba confiada y tranquila porque era una mujer independiente que tenía las riendas de su vida y nada de esas cosas me pasarían a mí.

Y de repente fui mamá y entendí... entendí muchas cosas y creo que aún estoy tratando de entender. Que maternar es mucho más complicado de lo que pensaba, que la maternidad nos llena de luz pero inevitablemente esa luz trae sus sombras.

Entendí aquella imperiosa necesidad de compartir esas oscuridades con otras mamás, de visualizarlas para que pesen menos. Entendí el valor de la tribu.

Y ahí estaba yo; tomando un millón de fotos de mi bebé recién nacido, mirándolo embobada. Ahí estaba yo en mi puerperio; desarreglada, feliz, deprimida, alegre, irritable, ciclotímica, llorando del dolor al dar la teta. Con ganas de no soltar a mi cría ni un minuto, pero a la vez, con ganas de salir corriendo. Ahí estaba yo, pegada a mi bebé como leona sin dejar que nadie se le acerca. Ahí estaba yo discutiendo con mi marido demasiado seguido y siempre por temas del bebé. Ahí estaba yo, en el baño con la puerta abierta y el bebé a mi lado mirándome. Ahí estaba yo congelando mi carrera, hablando únicamente de hijos, pañales, cólicos, teta y dormidas porque mi vida era solo eso.

Ahí estaba yo, llorando en la puerta de la guardería y volviendo a casa con mi hijo en brazos porque era incapaz de dejarlo. Ahí estaba yo, ahí estaban ellas, ahí estábamos todas.

La maternidad no es tarea sencilla, hay más incertidumbres que certezas y necesitamos de esa tribu que nos arrebató la posmodernidad, engañándonos vilmente con su lema «el tiempo es oro» cuando en realidad el único tiempo que tiene un valor real es el que pasamos con nuestros seres amados, con nuestros cachorros, bailando con las sombras y brillando con la luz. En definitiva, la maternidad es como una película que nos cuentan pero de la cual no podemos ver los avances porque se va escribiendo día a día, entre pañales, anhelos, renuncias, incertidumbres y mucho amor del bueno.

El día que naciste yo nací de nuevo

Empecé a sentirte como burbujas y quise prepararme de la mejor manera, estaba perdida y no sabía por dónde empezar. Leí muchos libros y me inscribí en páginas de maternidad, seguía tu crecimiento cada semana maravillada. Ver por primera vez tu corazón latiendo fue una mezcla de amor puro y a la vez miedo, miedo de no ser una buena mamá.

Te hablaba en la panza, te cantaba canciones y me respondías con paraditas y bailes, nuestros diálogos sin palabras eran únicos. Y de repente llegaste, aunque sentí que todavía no estaba preparada. Nunca estamos totalmente listos para ser padres, porque ser mamá y papá implica aprender cada día algo nuevo, más que «ser» es «hacerse». Pero cuando te vi, tan perfecto, tan sereno, tres kilos doscientos gramos del amor más puro, no pude evitar llorar de alegría y la motivación de ser la mejor versión de mí misma borró los miedos.

Te cargué día y noche, te alimenté con mi propio cuerpo, me acercaba cuando dormías par ver si aún respirabas, creo que unas mil veces. Me di cuenta que mi vida nunca volvería a ser la misma, que había cambiado, que empezábamos un viaje los dos juntos, un viaje sin destino ni itinerario, pero con muchas expectativas y mucho amor incondicional.

Por momentos fue y es muy difícil, cuando creo que lo estoy haciendo bien algo nuevo me desestabiliza y me siento la peor madre del mundo.

Me dan ganas de salir corriendo a pedirle perdón a

mi mamá por las tantas veces que la juzgué fríamente y sin argumentos. «Cuando tengas hijos vas a entender», la frase de la que nos burlamos hasta que tenemos esos hijos.

Y es en esos días, en los que quiero tirar la toalla, en los que siento que no hago lo suficiente, todo cambia de golpe y en un instante con un beso espontáneo tuyo, o al agarrarme la cara de cerca mirándome fijo con esos ojos que parece han estado en este mundo por siglos. Cuando de la nada compartes tu comida con otros niños, o abrazas a la niña que está llorando o le das un beso gentilmente a un bebé aún más pequeño que tú. Mi día cambia y me doy cuenta de que a pesar de mi precariedad materna, algo bueno debo de estar haciendo junto con tu papá.

Soy consciente de que el día que naciste, yo también nací de nuevo, una nueva versión de mí que desafía la cordura, pero que me transforma en un ser más fuerte, más tolerante, más paciente, más sensato, una persona que valora cada día de esta vida como una nueva oportunidad de seguir aprendiendo contigo y de ti. El día que naciste, yo también nací de nuevo.

Nadie nace sabiendo ser madre

Llegué a la maternidad con una ignorancia terrible. Me había comprado lo que la televisión me había vendido durante muchos años; había comprado la idea de que el bebé en la cuna estaba feliz, de que el padre podía tomar algunos turnos con biberón en la noche y el bebé agarraría sin problema. Compré la idea de que iba a poder dejar a mi hijo en una guardería en manos desconocidas y volver a trabajar sin ningún conflicto interno, compré la idea de que a los seis u ocho meses lo iba a poner en el suelo o en el corralito y que iba a quedarse ahí tranquilito jugando solo…, el golpe de la realidad fue tremendo. Siempre recordaré lo que mi mamá me decía todo el tiempo: «cuando eras bebé eras muy tranquila, dormías toda la noche y te quedabas horas jugando en el corralito» y yo pensaba: «seguro que mis hijos serán iguales». Aún no logro entender cómo teniendo cuatro hijos mi madre nunca me habló de lo demandantes, agotadores y solitarios que pueden ser los primeros años de la maternidad.

Ella crió cuatro niños con la fortuna de que mis abuelos vivían en la misma casa y estaban muy presentes con nosotros. Mi hermano menor nació con serias complicaciones de salud por lo que a mi madre le extendieron su licencia de trabajo, trabajaba en una escuela como maestra a medio tiempo. Recuerdo que siempre nos decía: «Cuando pasaron seis meses de mi licencia fui a la escuela llorando y le rogué a la hermana superiora que, por favor, me dejara regresar, que en casa me estaba volviendo loca». Por años yo atribuía su estrés al hecho de que mi hermano estaba enfermo, pero ahora me doy cuenta de que en esa casa éramos cuatro peques de entre seis meses y seis años, claro que era mucho para mi madre, claro que necesitaba salir.

¿Por qué llegamos a la maternidad creyendo que todo es color de rosa? Por un lado pienso que cuando pasa el tiempo y como mecanismo de defensa (o para perpetuar la especie humana), las mamás tendemos a olvidarnos de las dificultades de los primeros años y recordar los buenos momentos, porque si nos acordamos continuamente de los malos nadie seguiría teniendo hijos. Por otra parte, para una madre compartir su malestar yendo en contra de los preceptos que definen a la maternidad como «el momento más feliz de la vida» genera culpa. Para muchas puede dar temor abrirse y contar que tal vez convertirse en madre no fue un momento tan grato, que pasó por una depresión, que se sintió sola a pesar de estar rodeada de gente, que le costó forma un vínculo con su hijo, que se sintió vulnerable, que perdió su identidad. Y así, pensamos que somos bichos raros, que las que estamos mal somos nosotras y que una madre no puede sentirse así: ¿cómo va a sentirse vacía si tiene un bebé en sus brazos?, pues una puede estar rodeada de gente y aun así sentirse tremendamente sola al no poder compartir su mundo interno, al no encontrar a nadie receptivo y empático dispuesto a escuchar y tender una mano. Pero también sucede que, por más oscuro que sea el camino, si ponemos en la balanza el amor incondicional, orgullos, alegría y todas las experiencias positivas de criar hijos, el peso ineludiblemente recae para el sector del amor. Por eso quizás no es que olvidamos lo negativo, sino que lo positivo logra enterrarlo y dejarlo dormido, porque la diferencia radica en que las sombras desaparecen con la luz y aun en los días más oscuros podemos encender unas velas, las velas del amor y la compañía de nuestros hijos.

Papá también estaba

Papá también estaba, esperándote a su manera del otro lado de la panza, aunque a la vista del mundo parecía ausente, aunque no fuera el protagonista. Papá también estaba, los sábados por la tarde con los clavos y el martillo armando la cuna, hablando con el «obstetra» y dejándole bien claro que si resultaba en cesárea, quería contacto piel a piel contigo.

Papá también estuvo, juntando cada céntimo para tu llegada, trabajando horas extra, haciendo masajes, besando la panza, con el corazón a mil en cada ecografía.

Papá también estaba, contando el intervalo de las contracciones, tratando de ocultar su nerviosismo con una sonrisa quebrada, petrificado y temeroso al ver cómo su compañera totalmente entregada arriesgaba su propia vida y empeñaba su propio cuerpo para traer al mundo ese nuevo ser que llegaría para cambiarlo todo.

Papá también estaba cuando llegaste, cortando el cordón, llorando con una emoción que jamás había saboreado, protagonizando aquel momento místico en el que dos almas se aferraron a una nueva, permitiéndose abrazar todas esas nuevas emociones, acompañando con el desasosiego de no tener muy claro cómo.

Lo más duro no es el embarazo

Lo más duro no es el embarazo ni el parto: es el POSPARTO. ¡¿Con esto quiero asustarte?! No, quiero que la maternidad te encuentre de la mejor manera, sabiendo que la llegada de un bebé no es todo felicidad y plenitud, que tus hormonas están alborotadas, que nadie llega a la maternidad sabiendo: se aprende en el camino.

Quiero que sepas que la lactancia quizás no sea fácil al principio, lo que no significa que tus pechos sean inútiles. Quiero que sepas que el hombre no vive el posparto igual que la mujer y que le cuesta a veces empatizar, así que si te sientes sola o superada: pide un abrazo sin dar muchas vueltas y aprende a delegar.

Quiero que sepas que no tienes que «pedirle ayuda» a tu pareja, que debes decirle claramente lo que esperas de él/ella porque también es su hijo/a. Quiero que sigas tu instinto, ese que los medios y la sociedad intentan callar, el que quizás te diga que todo lo que sabías o creías saber sobre crianza es muy diferente a la realidad.

Quiero que sepas que es normal tener miedo, que es normal sentirse ansiosa, que es normal dudar. Quiero que sepas que es normal sentirse desesperada cuando el bebé no para de llorar y no sabes qué le pasa y ni la teta puede calmarlo: date tiempo, aprenderás pronto a descifrar cada sonido, cada llanto de tu cria.

Quiero que sepas que es normal mandarle mil mensajes a la pediatra los primeros meses por miedo a que esté enfermo o le pase algo, no sientas vergüenza al hacerlo: escucha a tu corazón. Quiero que sepas que el posparto no dura «cuarenta días», que las aguas sedimentan mucho más lentamente: no te presiones.

Quiero que te apoyes en otras mamás, que busques una tribu; la maternidad puede ser muy solitaria.

También quiero que aproveches a tu bebé tan puro, tan chiquito; esos sonidos de recién nacido jamás regresarán, esos deditos tan pequeños… Bésalo, abrázalo, tómale mil fotos porque jamás conocerás amor más puro.

Lo que nadie me dijo

Lo que me dijeron: «llénalo con fórmula, tu leche no es suficiente». Lo que me hubiera gustado escuchar: «la primera semana es complicada, no es que tengas poca leche, sino que mientras más succione más producirás». Lo que me dijeron: «déjalo llorar un rato, así se va a acostumbrar a dormir de un tirón». Lo que me hubiera gustado escuchar: «prueba el colecho, la lactancia será mucho más fácil y el tenerte cerca ayudará a que duerma más tranquilo». Lo que me dijeron: «¿ya tiene más de dos años y sigue tomando teta? Está grandecita». Lo que me hubiera gustado escuchar: «¡Qué lindas se ven juntas!, se nota que la teta la calma. Ha sido mucha entrega de tu parte, te felicito por no haber bajado los brazos». Lo que me dijeron: «Te está tomando la medida, una nalgada a tiempo y nunca más te hace un escándalo en público». Lo que me hubiera gustado escuchar: «Es absolutamente normal que no regule sus emociones a esa edad, su cerebro necesita madurar, no puede comunicar sus necesidades verbalmente y psicológicamente está en una etapa de egocentrismo».

Lo que me dijeron: «Pero qué tiradero. Juguetes por todos lados, ropa en la lavadora. Todo el día en la casa y los platos siguen sucios». Lo que me hubiera gustado escuchar: «Debes estar agotada todo el día con dos criaturas. Porque no duermes media horita que yo te ayudo con los platos».

Si me hubieran dicho lo que hoy sé y lo que aprendí al elegir seguir mi instinto e ir en contra de lo que la mayoría de la gente considera que es «correcto», mi primera experiencia con la maternidad hubiera resultado mucho más fácil y orgánica. No hubiera sentido tantas dudas ni la incertidumbre de pensar que a lo mejor la crianza con respeto no era la indicada. Todas esas dudas se desvanecieron y ya no existen. Tengo la absoluta certeza de que la crianza respetuosa y consciente es mi granito de arena para cambiar el mundo. A ti te digo mamá primeriza: «yo te entiendo, yo te apoyo, lo estás haciendo fantástico, te abrazo, el amor y la paciencia nunca malcrían, bienvenida a la tribu».

Date tiempo

Ya vas a poder, date tiempo. Es válido sentirse desbordada, cuando devenimos madres la realidad nos cambia y no precisamente de la manera idílica con la que habíamos fantaseado en el embarazo. La realidad de la mamá los primeros años es dura y cruda y debemos darnos el tiempo para florecer y el espacio para llorar o hacer catarsis.

Hay algo que aprendí ya con seis años de mamá y es que el cuerpo se adapta. Los humanos nos hemos adaptado por milenios a diferentes alimentos, climas, ambientes, nuevas enzimas, al punto de modificar hasta los genes. Adaptarnos es algo que hacemos muy bien, pero requiere de tiempo. Las semillas no germinan de noche a la mañana y sucede que en esta «sociedad de las prisas» no nos dan ni nos damos el tiempo para aclimatarnos a la maternidad a nivel fisiológico, emocional, laboral, anatómico, cerebral. Así que te pido nueva mamá: «sé paciente contigo misma y con tu camino, rodéate de gente que te tienda una mano, aleja a quienes solo critican y confía en el proceso».

Mamá sin etiquetas

Así soy yo: una mamá sin filtros, sin maquillaje, con el pelo revuelto, ropa que no combina, acné posparto y el rímel corrido. Con las uñas largas y despintadas, con ojeras, arrugas nuevas y hasta un par de canas. Con los pechos caídos por amamantar, con algunos kilos de más.

No soy antipática, no soy antisocial, no soy una dejada, no soy una vaga, no soy una sometida. No me pongas etiquetas. Soy una mamá de tiempo completo por elección propia, sin descansos, ni feriados, que duerme cuando puede, que come cuando puede y lo que puede, que no sale después de las ocho de la noche porque su bebé más pequeña toma teta.

Soy una mamá que se pasa el día y la noche

escuchando «mamá yo quiero», que además tiene proyectos personales y está haciendo un posgrado. Soy ciclotímica y a veces un poco malhumorada, pero no es por ser negativa, es que realmente estoy cansada.

No soy víctima ni princesa, soy una nueva versión de la que fui, la viajera, la que trabajaba en mil proyectos, la independiente, la que iba al gimnasio, usaba tacones y planificaba sus comidas. Esa Ana no está muerta, solo esta hibernando, durmiendo, evolucionando, mientras sus hijos van formando su carácter a su lado y con su ejemplo.

En este momento de mi vida los consejos o las etiquetas no suman mucho, pero los apapachos son bienvenidos. Soy una mujer camaleón, una mamá *transformer.*

El mejor consejo

¿Cuál es el mejor consejo para una nueva mamá? Duerme con tu bebé todo lo que puedas, cógelo todo lo que puedas, sácale fotos, grábalo diciendo sus primeras palabras, juega con él, no lo apures para que camine, hable o deje el pañal. Aguanta con la teta lo más que puedas, dale mil besos, cuéntale cuentos, hazle upa. ¿Qué son sesenta meses en toda una vida? Como adultos es un suspiro, pero como padres es la mitad de la niñez de nuestros hijos y la impermanencia los arrastra, volviendo flaquitas las piernas gordas, desinflando cachetes redondos, enderezando palabras cruzadas. Casi cinco años después desaparece el preescolar y aparece en un suspiro el «niño grande», que sigue siendo niño, pero que ya no es bebé y nunca volverá a serlo. Aprovechad el privilegio de ser testigos del cambio, acompañantes en su metamorfosis.

Entre líneas

Si te digo que me duele la espalda por dar el pecho de noche no me digas: «¿y hasta cuándo le vas a seguir dando si ya está grande?». Si te digo que estoy muy cansada porque anoche la bebé se despertó muchísimas veces, no me digas: «pues pásala a su propia habitación, ya tiene edad». Si te digo que a veces siento que no tengo amigas y que extraño mis actividades, no me sugieras que deje a mi hija en la guardería y «recupere mi vida». Amamantar y más aún hacerlo de manera prolongada, dormir en colecho y educar en casa son decisiones personales que requieren un gran compromiso y una gran exigencia tanto física como mental.

En lugar de sugerirme que tire la toalla o en lugar de culparme por mis elecciones, mejor dime que estás orgulloso/a de mí, hazme un masaje en la espalda que tanto me duele, quédate a jugar con los niños alguna tarde así yo puedo dormir una siesta, ayúdame colgando la ropa que ya he lavado tres veces y aún he sacado de la lavadora, prepárame un té caliente, o simplemente no me digas nada y abrázame.

No necesito que me juzguen, tampoco que me idolatren, pero mientras que una mano es siempre bienvenida, las frases amorosas que entre líneas sugieren que es todo culpa mía y que la forma de solucionar mi malestar del momento es criar de otra manera (o criar a tu manera), no suman absolutamente nada ni reconfortan en lo más mínimo.

En la maternidad como en la vida hay días más buenos que otros y es normal y es válido. A mis días grises, la luz de la buena compañía.

Ningún libro te enseña a ser mamá

No es que las mamás busquemos a otras mamás porque queramos estar en 'grupitos' cerrados, armar 'minisectas' o porque queramos aislar a las que no son madres. Las mamás de nenes chiquitos necesitamos estar con otras mamás porque la maternidad, los primeros años, es puro empirismo y por más nutricionista, médica o psicóloga que seas, ninguna universidad te prepara para ser madre. Hay cosas que si no las experimentamos en carne propia ni la ciencia ni los libros nos pueden enseñar. El dolor de la lactancia cuando la técnica es incorrecta; el temor de las primeras fiebres; la ansiedad la angustia cuando los demás opinan sobre lo que debiera o no debiera hacer tu hijo. La incertidumbre cuando comienza la etapa de berrinches y rabietas; la culpa cuando se disciplina de una manera que no es la que una quisiera y toda una serie de sentimientos que son imposibles de entender si uno no los vive.

Es tan compleja la maternidad y estamos tan poco preparados para asumirla desde el respeto que, aunque los libros nos ayuden muchísimo, hay una parte que no podemos experimentar desde la lectura o desde un vídeo o taller, la tenemos que vivir. Por eso es que buscamos tan desesperadamente a otras personas que estén pasando por lo mismo, para encontrar ese hombro y ese oído que te escucha genuinamente sin juzgarte ni dándote consejos arcaicos o de manual que una sabe que no van a funcionar. A veces solo buscamos empatía, un abrazo, un «yo te entiendo» genuino.

A veces ni siquiera la propia pareja nos ofrece esa anhelada contención, porque no es lo mismo, porque la relación que tienen los hijos con la madre no es la misma que tienen con el padre. Me ha pasado en alguna ocasión llegar a mi casa y ver a los niños jugando tranquilos mientras su papá trabaja en el ordenador sin interrupciones, una foto de portada de revista. Pero déjenme decirles que ese escenario nunca pasa cuando la que está a cargo soy yo. Entonces luego cuando le hablo a mi pareja de mis emociones o algunos conflictos con los niños, él no entiende y me mira como si estuviera loca.

Tu pareja, tus amigas que no tienen hijos, o hasta las conocidas que tienen hijos pero ya grandes, o hasta tu propio círculo familiar, muchas veces piensan que son tus hormonas o que estás susceptibles o que estás exagerando o que te quejas demasiado o que «a mí no me pasaba». Todos esos comentarios no te sirven ni te suman nada, lo único que necesitas es un «yo te entiendo», «yo tampoco duermo bien desde hace cuatro años». «A mí también la lactancia me tiene agotada», «yo también quisiera tener un rato para mí sola», «a mí también me duele el alma dejarlo en la guardería». Eso es lo queremos escuchar, lo que necesitamos escuchar.

¿Es dura la maternidad?

«¿Es dura la maternidad?», me preguntaron hoy. Depende de tus expectativas: si pretendes que a los tres meses tu hijo duerma ocho horas de corrido, que se quede jugando solo en un corralito, que la lactancia fluya mágicamente, que se duerma en los brazos de cualquiera, que no tenga reflujo ni cólicos y que no llore mucho, entonces, sí, la maternidad es durísima.

Los primeros meses y hasta los cuatro años, son muy intensos y por más que los adornemos de colores es una realidad. Son muchos y muy de golpe los cambios en la vida de una mamá: tus amistades cambian, la relación con tu pareja cambia, tus rutinas cambian, tu cuerpo cambia, tus expectativas cambian, tu balance hormonal cambia y cambia incluso tu cerebro y su actividad. Todo se modifica y no es que en tres meses se acomode mágicamente en su lugar.

El tiempo que le lleva a tu hijo la maduración cerebral de las funciones ejecutivas que le permiten autorregularse y controlar sus impulsos (que son 4 años), te lleva a ti como mujer a redefinirte y apropiarte de tu nuevo yo, el de madre, con muchas luchas internas en el medio. Esa cantidad de tiempo toma poner las cosas en su lugar, aunque en realidad nunca vuelven exactamente al mismo sitio, sino a uno nuevo y mejor.

Pero es muy importante tener algo claro: ahora somos mamás de niños pequeños y hemos perdido gran parte del control de nuestros tiempos. Ya no decidimos cuánto dormir, cuándo comer o con quién ir al baño, simplemente en este momento no podemos y ESTÁ BIEN. Reconciliarnos con esta certeza y aceptarla sabiendo que no será para siempre y que de verdad pasa muy rápido, nos ayudará a ver los días que pasan, no como cruces en un calendario, sino como oportunidades de crecer con nuestros hijos, de crear memorias.

Somos reflejo

Recuerdo esa imagen de mí sentada por la madrugada con mi bebé en mi pecho tratando de darle de mamar. Él lloraba por la frustración de no poder engancharse al pezón. Yo lloraba de dolor, del terrible ardor.

Me recuerdo llorando y pensando «no voy a desistir, voy a aguantar, voy a poder». Porque sabía la importancia y el valor de la lactancia en términos nutricionales, aunque poco sabía en ese momento de la importancia en términos emocionales.

Mi mamá, que había viajado para acompañarme dos semanas, me decía entre sollozos «no me acuerdo, ya han pasado más de treinta años», y ahí estaba yo, confundida, desilusionada.

Los días pasaban y estaba cada vez más cerca de tirar la toalla, de levantar mi banderita blanca, porque el dolor era cada vez peor y mis pechos estaban al borde de la infección o la mastitis. Y de repente, llamaron a mi puerta. Era la contadora de mi marido, que de alguna manera se había enterado que estaba teniendo dificultades. Llegó con un ramo de flores, un libro de lactancia y una crema para los pezones agrietados. Y me salvó la lactancia. Me salvó no solamente porque el libro me ayudó a modificar mi agarre, sino también porque me escuchó, me acompañó, empatizó conmigo, me contó que a ella también le costó y no me sentí tan sola.

Esta mujer, con la que solo había compartido una par de «holas» y «hasta luegos» y con la que pensé que no tenía absolutamente nada en común, vio en mí a ella misma cuando nació su hijo mayor. Se vio en mí y yo me vi en ella, en el arquetipo de la madre. Sintió compasión por mí y saliendo de su zona de confort me fue a dar una mano sin siquiera darse cuenta de lo mucho que ese gesto influiría en mi maternidad.

Ese día entendí, que las madres necesitamos de otras madres y de que más allá de la diferencia somos reflejo, somos espejo.

«Totalmente identificada», «creí que era la única», «a mí me pasó lo mismo». No es azaroso que continuamente me lleguen estos comentarios, no es una gran casualidad. Es que, dentro de nuestras diferencias, todas transitamos demandas similares y compartimos demandas y exigencias sociales similares, experiencias parecidas aun con matices diferentes.

Más allá de las particularidades, todas (o la gran mayoría) nos encontramos con experiencias parecidas: agotamiento, estrés, infinitas demandas, desafíos al gestionar conflictos, batallas en silencio día a día, postergaciones, problemas de pareja por diferencias irreconciliables, opiniones de la familia extendida, temores, culpa por no ser «la madre que tus hijos necesitan». Quizás no coincidamos en todo, pero seguro en varios nos vemos reflejadas.

Y al final, nosotras somos las exageradas y quejosas para el resto de la sociedad, por lo que debemos validarnos y maternarnos entre nosotras.

Compartir lo que sentimos en un entorno íntimo en el que sintamos que no seremos juzgadas o atacadas. Necesitamos sacarlo para dejarlo ir, porque la carga que se comparte es mucho más liviana y el transitar más apacible. Porque nuestras emociones son reales, nuestros pesares justificados, nuestras alegrías únicas y nuestros logros en la crianza trascendentales. Porque más allá de nuestra capa exterior que nos sectoriza en tal o cual estrato, nicho, cultura, preferencia, somos reflejo, somos espejo. Porque unidas podremos cambiar el mundo, pero divididas jamás.

No la cargues

No la cargues, que se va a acostumbrar a que estás allí. A que la protegerás. A que no hay nada que temer en los brazos de mamá.

No la cargues, que se va a acostumbrar: A tu olor, al sonido de tu voz, al latido de tu corazón, que tanta paz le brinda.

No la cargues, que se va a acostumbrar, aunque te parta el alma su llanto, aunque se te haga un nudo en la garganta y se te estrujen las tripas. Aunque cada fibra de tu ser grite en silencio que eso no es maternar.

No la cargues y con ello niega su sufrir, niégate como madre, anestesia tu instinto.

Mejor, cárgala para que se acostumbre: A sentirse cuidada, escuchada, amada. A establecer un apego seguro que le permitirá ser independiente cuando su edad cronológica y su desarrollo madurativo normal se lo permitan.

Pocos lugares nos transmiten esa paz inigualable que brinda el pecho de una madre, aun de adultos.

Esa certeza de que aunque el mundo se nos venga encima, vamos a estar bien. Cárgala, sostenla, fusiónense, para luego, desde esa seguridad, pueda volar sola sabiendo que el nido siempre va estar para cuando necesite recargarse en el pecho de mamá.

Cárgala y al hacerlo sostén a tu niña interior por todas aquellas veces que nadie la sostuvo.

2 LAS OSCURIDADES DE LA MATERNIDAD

La madre imperfecta

Ser mamá te transforma en muchas cosas, pero no te transforma en robot. Parece que la sociedad da por sentado que al convertirse una en madre, el mismísimo Buda entra en tu cuerpo y te ofrece el equilibrio y la iluminación para gestionar las emociones de toda la familia: mantenerte serena ante el llanto desconsolado de tu hijo, mantenerte en paz ante las sugerencias cargadas de imposición de tu pareja, mantenerte abierta ante la crítica no constructiva de otras madres, estar equilibrada ante los desbalances hormonales y tranquila a pesar de haber dormido tres horas. Parece que cuando nace tu hijo te tuvieras que graduar con el título de «experta en reprimir emociones y dejarme para lo último». Bueno, quiero despedazar ese irreal mito de la madre suprahumana, de la maternidad generadora de mártires: cuando te transformas en madre sigues con los mismos asuntos pendientes de antes, y la maternidad no equivale a diez años de psicoterapia, por el contrario, un apoyo de una especialista es muy beneficioso. Por eso es vital contar con una tribu de mamis para sacar afuera nuestros temores, dudas, logros y alegrías y principalmente para no sentirnos raras ni culpables sin permitir que nadie, guiado por su ego, nos mida con la vara del juicio y la comparación. Nadie es dueño de la verdad, ni conoce tu historia, ni camina con tus zapatos.

Yo puedo tener un mal día.

Yo puedo llorar sin culpa.

Yo puedo tomarme una hora si siento que no doy más.

Yo tengo la potestad de decidir qué es lo mejor para mis hijos.

Yo puedo equivocarme.

Yo tengo derecho a reaccionar si alguien me hiere.

Yo también necesito ser abrazada y no ser siempre la que abraza.

Yo soy humana.

Yo soy imperfecta.

Yo me amo, me valoro, me felicito y me respeto por dar lo mejor de mí.

Va a parar

Si estás atravesando un momento complicado en tu maternidad déjame decirte que:

Los berrinches van a parar.

Las noches mal dormidas van a parar.

El llanto y los quejidos continuos van a parar.

La incertidumbre de no entender por qué llora va a parar.

El aislamiento y la soledad van a pasar.

La lucha por la comida va a pasar.

El agotamiento crónico va a mejorar.

Las negativas van a parar.

Con estas palabras quiero recordarte que lo estás haciendo fenomenal, mira a tus hijos, detente a observar en lo que se han convertido gracias a ti. ¿Qué mejor prueba de lo bien que lo estás haciendo? Las madres somos imperfectas y es en esa imperfección que nuestra humanidad conecta con nuestros peques. Un aplauso plas-plas-plas mamás reales, humanas e imperfectas.

Cuando la maternidad agota

«Pero si estás tan cansada y tanto te quejas, ¿por qué te quedas en el teléfono hasta la una de la mañana?». Quizás porque aunque sea en ese par de horitas no escucho mil veces la palabra «mamá» y puedo dedicar mi atención a otras cosas. Quizás porque de esa forma siento que tengo algo de vida más allá de mi maternidad y de la casa. Porque si apenas ellos se duermen, yo también lo hago, siento un terrible vacío. Porque de repente quiero anestesiar mi cerebro un rato con alguna serie o vídeo superficial que me saque del modo mamá por un momento. Amor, no te pido que me entiendas, no te estoy pidiendo un consejo, solamente abrázame fuerte y no me juzgues ni me condenes porque eso en lugar de aliviar mi carga la hace más pesada con los kilos de culpa que añades. Dormir unas horas antes no quitará mágicamente mi cansancio, porque este agotamiento es también emocional, es mental, es psicológico. Entonces agradezco tu preocupación, agradezco tus consejos pero si de verdad quieres ayudarme asume tu rol de padre, quítame ese pedazo de carga que no me corresponde.

Hay días

Hay días que mi cuerpo dice basta. Hay días que quiero desaparecer, aunque sea un par de horas. Hay días que me gustaría tener un control remoto para poner a mi bebé en pausa. Hay días que me gustaría que nadie me toque las tetas. Nadie. NADIE.

Una vez soñé que metía a mi hijo bebé un rato al *freezer*. Lo congelaba un par de horas y luego lo ponía en el microondas para descongelarlo. Mi cerebro me estaba diciendo BASTA y no sabía cómo hacer para decirme «tienes que parar un poco», y como la violencia no es lo mío, recurrió a algo muy creativo que fue meterse en mi subconsciente.

Criar con respeto es una ardua labor, gratificante absolutamente, pero compleja. Cuando el cansancio me gana es muy, pero que muy complicado mantenerme serena y con paciencia. Exploto, a veces exploto.

Cuando los peques tienen esas etapas en las que amanecen a las cinco de la mañana o de repente no toman más su siesta y nuestro cuerpo adulto y fatigado realmente no puede más. Y qué decir de los días en los que solo se escuchan gritos, llantos y quejas desde la mañana hasta la noche, no hay cerebro que aguante ni cuerpo que resista. Y adivinen quién mañana no tiene feriado. Explotar de vez en cuando es parte de este viaje en mar abierto, lo importante es saber ajustar las velas para seguir navegando y no encallar y nunca dejar que el agotamiento se transforme en violencia. No estás sola, somos miles.

Ayer

Ayer me comí la culpa,

me comí los miedos,
palabras no dichas,
me comí la soledad.

Me los comí todos para que me llenaran algunos huecos oscuros que a veces no puedo tapar. Me los comí todos y nada taparon, solo me dejaron más culpa nomás.

Mala Madre

Anoche se me pasó la hora de la cama, porque quería contestar un correo electrónico que era muy importante para mí... y se desató el caos. Y mientras el más grande quedó fundido en cinco minutos del cansancio que arrastraba, la más pequeña saltaba y saltaba en la cama y no se quería dormir. Primero pidió agua, luego otro cuento, luego su juguete y yo me la veía venir. Casi dos horas después empezó a llorar, estaba pasada de vueltas, muy cansada, pero se negaba a dormirse, le corrí su rutina y todo se desmoronó... mala madre. Mientras tanto yo, que tenía que hacer aún mil cosas y se me terminaba el día, ahí, metida en el cuarto rogándole a la criatura que se durmiera. Al rato también terminé llorando, agotada y pasada de vueltas, porque dos noches antes me desvelé con mis amigos de clase por primera vez en cinco años... mala madre. Y le explicaba a mi hija que estaba cansada, que ya necesitábamos las dos dormir. Sé que a los hijos les duele ver llorar a las madres, pero yo necesitaba sacar esa angustia, necesitaba que ella viera que soy humana. Al final agarró la teta que es su amuleto, porque aunque ya no toma necesita tocarla para sentirse segura, y se durmió.

Terminé agotada, saliendo de ese cuarto como si saliera de un campo de batalla.

Ser mamá a veces duele, cansa y consume a nivel emocional. Los miedos, las incertidumbres, las culpas. Eso nada tiene que ver con el infinito amor a los hijos, pero debemos cortar con el exceso de adornos y romanticismos que envuelven a la maternidad porque solo generan culpas y comparaciones con parámetros inhumanos.

No cambiaría mi maternidad por nada, con mis hijos soy feliz cada día y lo celebro, pero eso no significa que mi amor y mi felicidad bloqueen todas las emociones negativas asociadas a mi rol de madre. No está mal sentirse mal de vez en cuando. La presión que genera sentirse alerta y al mando del bienestar e integridad de otras vidas las 24 horas del día, AGOTA. Hablemos con nuestros hijos e hijas, sincerémonos, contémosles que a veces es difícil, que tenemos días malos, que en ocasiones el cuerpo está por demás cansado. Dejemos de reprimirnos e intentar ser «perfectas», liberémonos de toda esa carga que heredamos desde hace muchas generaciones. Quizás de esta forma nuestras hijas no tengan que lidiar con tantas culpas impuestas por las excesivas exigencias de rol, por el estigma de la mamá perfecta que simplemente no existe. Que la maternidad se aleje de estereotipos opresores para pasar a ser una vivencia más orgánica, humanizada y felizmente imperfecta. Hagámoslo por ellas, por nosotras y por las que vendrán.

Un tropezón no es caída

Mañana prometo elegir mis batallas y dejar de lado el ego, llevarlos al parque sin el teléfono, dejar de apurarlos para que sigan mi agenda. Mañana prometo no descargar mis frustraciones con ellos. Pero esta noche, en la que siento que el caos cotidiano me ha chupado todas las energías dejándome como zombi mirando un punto fijo, prometo dejar de culparme. Y en lugar de martirizarme en una esquina de la cama, dormiré abrazada a mis hijos, pidiéndoles perdón entre susurros y perdonándome a mí misma por los errores cometidos. Con la absoluta certeza y la suficiente humildad como para aceptar que lejos de ser una madre de catálogo soy humana, y a mi manera, y con mis recursos trato de ser mejor cada día, porque al final de cuentas, un tropezón no es caída.

Ellos no saben

Son las ocho de la noche pero todavía es de día y mis hijos están sucios, con los pelos revueltos correteando por la playa mientras yo estoy tirada en la arena frente a ellos pero con la mirada perdida, la espalda encorvada. Se acerca una señora con cara de preocupación y me dice: «su hijo está jugando con un palo bastante grande». Ayer fue un señor: «su nena se está poniendo arena en la ropa», y la semana pasada una mamá: «su nena está caminando con un solo zapato». Yo los miro y les digo, «sí, lo sé» y mientras que uno que otro me regala una sonrisa y sigue su camino, a la mayoría la cara se les transforma y veo en sus miradas que se mueren por llamar a servicios sociales porque piensa que soy una mala madre, una negligente.

Pero ninguna de esas personas tiene idea: que estoy agotada, que necesito descansar mi cerebro y mi cuerpo por cinco minutos, que me levanté a las cuatro de la mañana cuando todavía era de noche porque la pequeña simplemente no quería seguir durmiendo. Ninguno sabe que los he bañado dos veces hoy porque en el parque jugaron con agua y tierra libremente, que les he cambiado de ropa cuatro veces porque ellos están aprendiendo a comer solos y obviamente derraman comida y se ensucian. Que hoy no durmieron siesta, que esta es la tercera playa que hemos visitado en el día, que me pasé una hora tirada en el piso jugando con legos con el más grande y otra hora inmóvil en el sillón dando teta. Ninguno de ellos sabe que hasta al baño vamos en manada. No tienen ni idea que anoche me desperté cuatro veces porque la pequeña está con lo de las muelas y no duerme bien y yo duermo a su lado igual de mal. No tienen ni idea que mi marido está hace cinco días de viaje ni que mi familia vive a nueve mil kilómetros de distancia.

No tienen ni idea porque no me preguntan, solo me juzgan, asumen lo que ven al final de la jornada. Porque el resto del día soy invisible para toda la humanidad; para criticarme, están todos primeros en la fila; para darme una mano, nadie.

Sin embargo, siempre encuentro otra mamá tirada en la playa, con la mirada perdida, despeinada y cuando miro a sus hijos los veo igual de sucios que los míos, igual de felices y me abrazo y la abrazo con miradas cómplices y me felicito, y nos felicito, y me vale madre lo que opinen los demás porque ellos no saben pero yo sí y eso basta.

Lobotomía materna

Mamá!!!

Mamá

Mami

Mamá

Mami

Mamá

Mamá

Mami

Mami
Mami
Mamáááááááá!!!!!

1.000.000 de veces por día y por dos.

Sé que algún día voy a extrañar que me llamen mamá todo el tiempo, pero hoy no es ese día. Es querer hilar una idea, un concepto y no poder por la continua interrupción, es anhelar silencio. Es paradójico porque sí que consigo «silencio» (parcialmente), cuando se duermen de noche, pero a esa hora mi cerebro ya está tan exhausto y tan quemado que aun así no puedo hilar mis ideas, siento como si me hubieran hecho una lobotomía. A veces lo único que quiero es poner la mente en «modo avión» con alguna comedia tonta porque ya no puedo ni pensar. Este es mi desahogo del día: extraño la calma, extraño el silencio que nunca antes había valorado con el entusiasmo con el que lo hago ahora. Qué difícil es ser referente de calma y paz para los hijos en esos momentos en el que una está absolutamente quemada y acorralada.

Y entonces grité

Y entonces grité. Grité que me dejaran sola. Grité que ya nadie tocara mis cuerpo, ni mi pelo, ni se me colgaran encima por un minuto. Grité tan fuerte que mi garganta ardía.

Y luego volteé y ahí los vi, con un miedo en sus ojos que no había visto nunca antes, un pánico hacia mí: la persona que debía cuidarlos de todo mal, se había transformado en su peor pesadilla.

Y ahí los vi, llorando y abrazándose entre ellos, queriendo escapar de mí, de mis gritos, de mi ira, de mi falta de control. Y ahí los vi, apretándose fuerte el uno contra el otro para no verme, porque quizás si no me veían yo dejaría de gritar.

Y se quedaron parados, no tenían a donde ir, solo se tenían a ellos mismos, en su pequeñez, en su diminuta pequeñez.

Y esa imagen me partió el corazón, y caí al suelo y de los gritos pasé al llanto. ¿Quién era ese monstruo? Esa no era yo, esa nunca había sido yo, esa no quería ser yo.

Y al verme derrumbada, vulnerable, al verme llorar, su temor se disipó y corrieron a abrazarme y lloramos juntos y les pedí perdón.

Mis hijos son más sabios que yo, mis hijos son más empáticos que yo, mis hijos son emocionalmente más maduros que yo, mis hijos son mis maestros.

Y mientras tanto yo trato de no dejarme arrastrar por la demanda inagotable de sus pequeños cuerpos, por la necesidad constante de ser su lugar seguro, por el anhelo puro de mi cercanía. Mientras crío ellos me crían a mí, me perdonan, me drenan, me cargan, me abrazan, me detestan, me aman, me suplican.

Y en esa danza cruda bailamos, crecemos, amamos, jugamos. En esa danza cruda pero viva, forjamos esta familia que no es perfecta pero que al menos trata de no cometer dos veces los mismos errores.

La danza de la crianza.

Fantasía

Hoy fue un día de esos en los que fantaseo con desaparecer, disolver mis partículas al estilo *Star Trek* y teletransportarme a un planeta desierto, porque si escucho una queja más o un lloriqueo más no sé cómo voy a gestionarlo. Si pudiera ser como una niña me tiraría al suelo a patalear. Hoy estoy cansada, agotadísima. Las mamás de niños en primera infancia estamos como en el limbo, un poco olvidadas. Para las mamis de bebés chiquitos cada vez hay más información y grupos de apoyo, también hay para embarazadas que te ayudan a transitar las cuarenta semanas y el puerperio más acompañadas, pero después del año como que la cosa se diluye y es TAN emocional y físicamente agotador transitar la etapa de las reabiertas (y más aún cuando es con respeto). Es como un segundo puerperio en el que las dudas sobre la eficacia como madres y los miedos regresan y dura un par de añitos. Si tienes varios hijos seguidos es una eternidad. Yo estoy ya casi en la salida, pero hay días en los que las olas me arrastran a lo profundo, muy profundo y pierdo un poco el balance. Pero mañana será otra día y sé que como todo, pasa.

A mí me importas

Nadie imagina lo sola que te sientes y lo aislada que estás al ser una mamá de tiempo completo. Nadie imagina que aquellas amigas sin hijos con las que ibas al cine, salías de fiesta y hasta de vacaciones ya no te llaman y, desde el *baby shower*, no han dado señales de vida. Nadie imagina que dejaste tu trabajo porque solo te alcanzaba para pagar la guardería y no tenía ningún sentido.

A nadie le importa si congelaste tu carrera y tus proyectos para enfocarte en la crianza. A nadie le importa si duermes poco. Deberías acostarte a la misma hora que tus hijos y así dormirías más.

A nadie le importan ni tus renuncias ni tus anhelos personales, porque ya no eres persona, eres mamá y las mamás tienen que estar bien y ser felices.

Nadie entiende por qué por la noche tu casa sigue llena de juguetes en el piso y ropa en la lavadora si tuviste todo el día libre para ordenar y hacer quehaceres.

Nadie entiende por qué no puedes salir de fiesta como antes habiendo tantas niñeras disponibles.

Nadie entiende por qué lloras en el baño, ¡cómo te atreves a llorar si tienes la familia perfecta!, si ser mamá era lo que tanto querías...

Cuando una mamá elige quedarse en casa, lo hace desde la ilusión de poder pasar la mayor parte del tiempo con sus hijos, de no perderse detalle alguno, de protegerlos como solo una madre sabe hacerlo. Pero lo que ninguna de estas mamás imaginó fueron todas estas oscuridades y escalas de grises que también trae aparejada la maternidad. Ninguna dimensionó que no tendría ni el tiempo ni la energía para hacer otras cosas o tener otros roles más que el de mamá.

Mamá a tiempo completo, yo lo sé, yo te veo, yo te entiendo, a mi me importa, yo te abrazo. No estás sola, somos tribu.

Te veo mamá

Te veo mamá, resfriada y con fiebre adelantando labores cuando todos duermen. Te veo en el súper comprando apurada, te veo en el parque sentada en el banco, te veo en la playa jugando en la arena, te veo agotada y a la vez entera.

Te veo mamá cuando nadie te mira, te veo y te entiendo, tu historia es la mía.

Y aunque pareciera que invisible fueras, que todo tu esfuerzo y tu amor sin medidas pasarán desapercibidos entre tantas cosas, yo sé que lo que construyes moldeará las vidas de aquellos pequeños que, desde abajo, te miran y estiran sus brazos buscando un abrazo que logra poner todo en perspectiva.

Reflejo

Por cada mamá que está de luto sin poder compartir su dolor por la pérdida de un embarazo del que nadie tenía constancia.

Por cada mamá que lleva todo hacia delante a pesar de estar perdida por dentro.

Por cada mamá que fue despedida porque ha estado despierta durante una semana con un niño enfermo.

Por cada mamá soltera que no sabe cómo llegará a fin de mes.

Por cada mamá que tiene que aguantar que la juzguen a ella y a sus hijos mientras cuenta las monedas para pagar la compra.

Por cada mama que le dice a sus hijos que no come porque no tiene hambre, pero en realidad lo hace porque no alcanza la comida.

Por cada mamá que le dedica a su familia todo el día, todos los días.

Por cada mamá que sonríe puertas afuera, pero que llora silenciosamente todas las noches.

Por cada mamá que no puede pagarse un billete para ir a visitar a su familia que no ve hace años.

Por cada mamá que ha querido acabar con todo, pero encontró fuerzas en el abrazo de sus hijos.

Por cada mamá que llora sola en la ducha cuando todos duermen porque no quiere que sus hijos la vean triste. Por todas y cada una de ellas es la razón por la cual escribo mis textos. Quiero decirte que llorar no significa que no seas lo suficientemente fuerte como para salir adelante, llorar solo deja al descubierto esa vulnerabilidad que te hace humana. Llora, sácalo, grita, pégale a la almohada y déjalo ir. No somos superheroínas, no somos robots, no somos débiles, pero tampoco somos de piedra.

Yo soy tú. Te veo. Te abrazo. Te doy fuerzas. Estoy contigo, lloro contigo.

Contener

Es muy intenso vivir para contener sin ser contenida. Estar pendiente y al cuidado de otras vidas es agotador. Ni hablar cuando estás enferma, cuando has tenido un pésimo día, cuando te confinan, cuando las cuentas te tapan, cuando despertaste por la noche más veces de las que podías.

Es muy intenso vivir para contener sin ser contenida. Desparramando cansancio y emociones negativas, desparramando tonos de voz elevados que no nos pertenecen. Lo que no se contiene se desborda y lo que se desborda ahoga. Nosotras también necesitamos recogernos, cuidarnos y ser cuidadas y no siempre la que cuida. Es imposible ser siempre la que cuida sin descuidarse al hacerlo.

Ser madre requiere una entrega sin límites y eso no es para cualquiera. El aprendizaje es infinito, pero debemos ser conscientes de lo endulzada que está la maternidad y de lo arcaicos e injustos que son las representaciones sociales del rol materno y paterno. Debemos ser conscientes de lo solitarias que son las maternidades posmodernas.

Debemos hablar sobre estos temas, con las adolescentes, con las mujeres a las que el reloj biológico persigue sin tregua. Debemos hablarlo, porque al saberlo de antemano podremos ayudarlas a decidir con más criterio si están dispuestas a estos sacrificios, porque maternar implica muchos sacrificios y postergaciones y más allá de que la recompensa es impagable no todo el mundo quiere postergarse.

Y así surge otra gran paradoja: deberíamos saber lo que implica criar antes de tener hijos. Es paradójico, porque es imposible poder saberlo realmente hasta que se tienen esos hijos. Se necesita «trabajo de campo», empirismo, embarrarse los pies en la cancha.

Aun así hay mitos y creencias que al ser derribadas seguramente podrán servir de brújula para aquellas en la disyuntiva, y ofrecer un poco más de seguridad y paz mental ante la negativa. No todas queremos ser madres, no todas deberíamos ser madres y está bien que así sea. Es muy intenso vivir para contener sin ser contenida.

Trascender

Varias veces en terapia o en asesorías, algunas madres que provienen de familias disfuncionales o con apegos inseguros me comentan: «A veces cuando exploto, hago lo mismo que hacían mis padres, hago lo que prometí que no haría, soy igual que ellos». Y yo disiento. Si sientes lo mismo quiero decirte que NO, no eres igual que tus padres, porque ante todo te duele cuando no puedes controlarte, te incomoda, te molesta, te fastidia, te genera culpa, por lo que no haces lo mismo que te hicieron a ti, no tienes el mismo nivel de consciencia que tus padres.

Hay actitudes, palabras y formas de gestión que tenemos grabadas a fuego, que crean mapas mentales que se activan cuando estamos bajo altos niveles de estrés y fluyen como un arroyo. Por eso es que si cuando vivías con tus padres te criaste en un entorno en el cual el que gritaba más fuerte era al que se escuchaba, probablemente te pase que cuando alguna situación te supera o te sientes estresada o invalidada termines gritando. Si en tu casa te amenazaban constantemente, probablemente termines amenazando a tus críos o sobornándolos cuando estás agotada y no te quedan más estrategias ni paciencia.

Reconocer que esas reacciones son negativas y dañinas es el primer paso para generar cambios a largo plazo. Reconocer que no te pertenecen y que las has heredado, el segundo. Aun así y aunque a veces caigas en esa trampa de repetir, eso no te transforma en tus padres, es parte de ser humano. Pide perdón, rectifica y abrázate por todas esas miles de veces que SÍ pudiste sostener, que SÍ fuiste calma, que SÍ ofreciste los abrazos, los «te quiero», las palabras de ánimo que tal vez nunca o rara vez recibiste.

El lado oscuro

No pretendo que mis hijos crezcan sin ninguna herida emocional, eso es imposible. Soy imperfecta y lo asumo. Lo que espero de corazón y por lo cual trabajo en mi maternidad, es que el peso de sus mochilas emocionales sea el mínimo posible. Hay semanas en las que no soy yo, en las que el agotamiento extremo me transforma en una madre malhumorada y con poca paciencia y eso me hace sentir triste y culpable, sumándole más peso a mi cansancio.

Está semana, por ejemplo, ha sido más intensa de lo habitual, con muchos despertares nocturnos, enfermedad colectiva, cansancio extremo. Y mientras los días pasaban mi paciencia iba decayendo y noté que no era solo mi paciencia, mis ganas de levantarme de la cama se desvanecían. El despertar tantas veces y ver el reloj, analizando lo poco que me faltaba para empezar otro día que probablemente sería igual de intenso y pensando que me costaría volver a dormirme porque ni bien abro los ojos la lista de pendientes me domina; no solo sentía cansancio, sentía una especie de ansiedad, ganas de no levantarme, de desaparecer. Sé que no es depresión pero cuando nuestro cerebro está realmente agotado todas esos pensamientos intrusivos afloran y es difícil controlarlos. El no querer salir de la cama parece un acto caprichoso o exagerado, hasta medio cómico, pero de cómico no tiene nada, sentirse así, al límite, al borde, tan frágil. Y esas sensaciones y emociones no las compartimos porque nos genera culpa, hasta vergüenza o hasta miedo de que nos internen en una clínica psiquiátrica, pero sé que quizás tú también lo sentiste alguna vez, en esas etapas en las que ya no podías seguir, coqueteaste por unos segundos con la idea de irte unos días sola, sentiste ese nudo en la garganta, la ansiedad. Compártela, sácala, no estás sola, no exageras, realmente es agotador y no es normal para nuestro cerebro dormir tan entrecortado.

Por eso, hermana, a todas las mamás que a veces no tienen ganas de salir de la cama porque saben que el día será intenso y lleno de demandas desde que se levantan hasta que se acuestan: las veo, las abrazo, no exageran.

3 LAS LUCES DE LA MATERNIDAD

Equipaje

Y sí, las mamás venimos con equipaje: con miedos, con traumas, con desinformaciones, con paradigmas errados, con presiones sociales, con desilusiones y con incertidumbres. Venimos cargadas, pero también venimos con disposición, humildad, deseos de ser mejores, de crecer y sobre todo con mucho amor para dar. Entonces mientras caminamos juntos, hijo adorado, voy a meter la pata miles de veces, te voy a decir cosas erradas y hasta voy a herir tus sentimientos: perdóname, pero mientras te crío también me crío a mí misma y desaprendo lo que no sirve, al tiempo que afianzo todo lo bueno de mis padres y me acepto todo lo que no me acepté, olvido y perdono y florezco cada día un poco más.

Y sí, habrá días en los que me dirás que me odias, habrá días en los que no querrás verme ni en pintura y lo acepto, lo entiendo. Solo quiero que sepan que así, sin tapujos me entrego a la maternidad, sin negar la mochila que llevo en la espalda, sino sacado de ella lo que ya no sirve para hacer la carga cada vez más liviana y para hacer espacio para lo que nutre.

Soy una madre falible que se perdona y que camina este camino con la certeza de que por más errores cometidos y a cometer, al menos, le es fiel a sí misma y a sus valores.

A veces se me olvida

Como cada noche mientras duermen, entro a su cuarto en puntitas de pie para tocarles su pancita y corroborar que respiran. Les acarició la cabeza, suavemente para que no despierten y los miro entre las sombras de la lamparita, tan perfectos, tan puros. Mi corazón, agotado por las actividades del día, se apacigua en ese mismo instante y en un exhalar eterno se llena de amor y energía para afrontar la próxima jornada que llegará en muy pocas horas, a la vez que me repito a mí misma lo afortunada que soy de tenerlos cerca y sanos. Mi vida podría haber tomado mil caminos, pero terminó aquí siendo su mamá, por elección, por devoción, por amor.

No obstante, a veces se me olvida lo afortunada que soy, se me olvida cuánto lloré cuando perdí aquellos embarazos y cuánto envidiaba a las que tenían a sus hijos sin ningún problema. A veces se me olvida cuánto le recé a la virgen para tenerlos y el amor inconmensurable que sentí la primera vez que los vi. A veces se me olvida con cuánta ilusión los esperaba mientras los imaginaba, nos imaginaba. A ratos se me olvida el pavor que tenía de ser una mala mamá y como vosotros me enseñasteis a no serlo.

Por eso, cuando el cansancio me gana y la rutina me consume simplemente me olvido por momentos de lo suertuda que soy y es ahí cuando corro a buscar el lápiz para plasmar esto que siento en un papel, así ya no se me olvida: Quiero que sepan que cada noche antes de cerrar los ojos y sin importar cuán pesado haya sido el día, le agradezco a Dios por el privilegio de ser su mamá, y que el amor que siento por vosotros, hijos, ese nunca se olvida.

El poder del ejemplo

¿Quieres que tu hijo salude?, saluda.

¿Quieres un hijo agradecido?, da las gracias.

¿Quieres que tu hijo te escuche cuando le hablas?, escúchalo atentamente.

¿Quieres que tu hijo sea respetuoso?, respeta sus emociones, sus tiempos, su cuerpo, sus decisiones.

¿Quieres que tu hijo pida perdón? Pídele perdón cuando te equivoques, cuando te gane el cansancio, cuando metas la pata.

Porque no existen palabras ni discursos que impacten tanto en la vida de una criatura como ser ejemplo vivo. Porque las contradicciones y la inconsecuencia desestabilizan y confunden. Porque las exigencias nos desconectan y nos oprimen. Porque ellos aprenden más de lo que observan que de lo que escuchan. Porque no podemos pretender recibir lo que no damos.

Vive el momento

Creo que una de las frases más reales sobre maternar es: «en la crianza los días son eternos y los años un suspiro». Cierto es, que cuando maternamos bebés y preescolares los días -y las noches- parecen no terminar: entre juegos, llanto, abrazos y besos empalagosos, entre cortar uñas y preparar almuerzo, entre organizar días en torno a la siesta y organizar la noche en función de la hora «sagrada» de ir a la cama... los días parecen nunca acabar. Y cuando el cansancio gana y las fuerzas merman nos encontramos a veces contando las horas para que las criaturas vayan a dormir. Pero luego, cuando nos encontramos ensimismadas viendo fotos en el móvil nos percatamos de cómo un par de meses pueden significar un par de centímetros, un par de palabras, un par de pasos. Pueden significar la entrada a la escuela, un diente que se cae o un zapato que ya no entra. *Carpe diem.*

No me quiero olvidar

En general cuando pasa el tiempo tenemos la tendencia de olvidarnos de muchas de las cosas no tan felices de los primeros años como mamás: el agotamiento crónico, la despertada cada hora y media para dar teta, los meses enteros en los que el bebé decidió que el día arrancaba a las cinco de la madrugada, el pánico de las primeras fiebres, el dolor de verlos recibir las vacunas, las pataletas interminables que te consumen energía, las caídas de la cama y los golpes en la cabeza, el pánico y la incertidumbre de no saber si podremos mantener con vida a un ser humano tan frágil y pequeño, el dolor del parto o la recuperación tras la cesárea y tantas cosas más.

El tiempo pasa muy rápido y nos olvidamos o en retrospectiva nos parece algo poco trascendental. Pero sí que lo fue en su momento y generó miedo, quizás en algún punto de presión, discusiones con la pareja, problemas en el trabajo. Fue fuerte, fue caótico, fue un punto de inflexión por lo menos en mi vida.

Por eso es que yo NO ME QUIERO OLVIDAR,

porque el olvido es lo que nos hace menos empáticas, como la señora que te mira asombrada y hasta con desprecio cuando tu bebé llora en el avión, o la amiga que se enoja porque no entiende que después de las siete de la tarde no puedes salir de casa, o la conocida que porque tiene hijos más grandes minimiza todas tus incertidumbres de mamá primeriza.

Lo que hoy no parece tan pesado ni tan dramático lo fue en su momento, y es importante mantener esa vivencia en la memoria y no por masoquismo, sino para ser más conscientes y estar más alerta de las necesidades de otras mamás que pueden estar atravesando esas dificultades en este momento.

Una de las experiencias más hermosas es ver la sororidad entre madres de diferentes generaciones hecha acción en las pequeñas cosas.

La teta no es solo alimento

«Ya no sé qué hacer, me pide teta todo el tiempo, pero no tiene hambre, es obvio que no tiene hambre si casi no succiona, ¿cómo evito que use la teta para jugar?» El bebé no usa la teta 'para jugar'. La teta no es solo alimento, es contención, es seguridad, es la certeza de que ese ser del que venimos nos está protegiendo.

La teta no es solo alimento y no es un chupete. Los chupetes son de plástico, no tienen latidos de corazón ni olor a mamá. La teta no es solo alimento, es la forma más primitiva de conexión entre un hijo y su madre. El bebé no solo tiene hambre de leche, tiene hambre de brazos, de calor de mamá, tiene hambre de mimos y de seguridad.

Es agotador, es demandante, para algunas es doloroso, pero para tu bebé es un regalo de por vida y créeme, para ti también. Porque en algunos pocos años cuando veas a una mamá dando de mamar te aseguro que te arranca una sonrisa inconsciente con un deje de melancolía.

Porque la teta también es un regalo para ti, mamá: esos ojitos mirándote, esos suspiros con la calma más pacífica que pudieras imaginar jamás, las diminutas manitas tocando tu cara quedarán por siempre grabadas en tu retina. ¿No te parece que vale la pena seguir? A ponerle el pecho, mamá.

Sororidad

La próxima vez que veas a una mamá con un bebé chiquito llegar solita a ese parque al que siempre llevas a los tuyos, acércate, salúdala, háblale. Para ella todo el ambiente y el mundo de la maternidad es muy nuevo y está llena de miedos y dudas, las mismas que tú tenías cuando tuviste a tu bebé. Quizás al ver a las otras madres que parecen tener todo bajo control le da vergüenza acercarse, quizás es tímida, tal vez esta insegura y teme que le pregunten cosas que no sabe y la juzguen. La pobre ha dormido solo un par de horas y aun con muy poca energía trató de armar su pañalera y organizar el día para poder ir al parque un ratito, porque quedarse toda la mañana encerrada con su bebé le da angustia. Necesita conectar con otras mamás, necesita una tribu que la acompañe, le dé consejos y la apoye. Recuerda por un minuto lo sola que te sentiste cuando todo empezó. Ponte en su lugar y con mucha valentía (sí, esa valentía que la maternidad te regaló), acércate y pregúntale algo, cualquier cosa. Conecta. ¿Qué puedes perder? Nada, solo que ella no esté interesada en hablar, pero puedes ganar muchísimo, y ella aún más.

Cuando veas a una mamá sola en el parque y te regale un «buenos días» o un sonrisa, contéstale, evita juzgarla, evita ignorarla porque estás con tus amigas. Esas actitudes debemos dejarlas atrás. La maternidad nos ha enseñado qué difícil se hace cuando no conoces a nadie, eres nueva en el barrio o ninguna de tus amigas de toda la vida tiene niños pequeños.

Si eres mamá primeriza o has vuelto a ser madre después de muchos años, anímate, acepta esa invitación, no importa si llegas con los pelos revueltos, no importa si aún tu ropa favorita no te queda, acepta la invitación, te aseguro que te arrepentirás de no haber ido, pero no de ir. En ese momento podrás hacer catarsis con otras mujeres que están pasando por tu misma situación y podrás contarles esas anécdotas que cuando le cuentas a tu pareja parece no comprender.

Si tu amiga de toda la vida que fue mamá hace muy poco ha tenido cambios de humor, parece alejada, o no acepta ninguna invitación no la juzgues, no la critiques con tus otras amigas. Su vida ha cambiado por completo y ya no es ni dueña de sus horarios, ni de su cuerpo, ni siquiera es dueña de sus emociones que la sobrepasan. Se pasea del amor inexplicable al temor profundo o al agotamiento extremo. Quizás podrías pasar una tarde por su casa y llevarle un té con una magdalena, algo que sea espontáneo y sin mucha planificación.

Yo he sido todas estas madres, la nueva del parque, la antigua que sonríe, la que no le responde a sus amigas, la que está lejos de la familia, la que trata de que el mundo crea que tienen todo bajo control aunque no lo hace. Yo he sido todas estas madres y he aprendido muchísimo de mis experiencias. Hoy puedo decir que sin las otras mamás que me han apoyado, aunque no fuéramos íntimas amigas, el recorrido hubiera sido mucho más cuesta arriba.

Es más lo que nos une

Veo a mi hermana y mis amigas con sus bebés chiquitas y noto qué pendientes están de ellas. Todas tienen esos temores de las primerizas que van más allá del estilo de crianza: miedo a que se enfermen, que traguen cosas peligrosas, que se lastimen, que empiecen a caminar rápido y se pierdan, que alguien se los arranque de los brazos, yo me sentía igual.

Tenía mucha ansiedad, era un mundo totalmente nuevo y desconocido y mi cuerpo me decía «protégelo» constantemente. Me daba pavor sentirme siempre así, tan alerta, tan pendiente, mi cerebro no descansaba (hasta en mis sueños teatralizaba esas situaciones). Ahora que ya han pasado algunos años puedo afirmar que esa ansiedad va mermando. Con el tiempo ganamos confianza, no solo en nuestro rol de mamás, sino confianza en que las criaturas tienen un instinto y cierta noción de peligro, sus cuerpos son sabios, y aunque necesitan supervisión pueden regularse más de lo que creemos. Claro que las preocupaciones de madre son eternas, pero junto con la conexión y la confianza que les damos, los peques van ganando autonomía y esta autonomía nos ayuda a nosotras a relajarnos e ir soltando cada día más la cuerda mágica invisible, del «cordón» que nos une.

Por eso quiero abrazar a todas esas mamis y decirles: «no será eterno este sentir». Y a las mamás con hijos mayores decirles también: «tengamos MEMORIA y empatía con las nuevas madres, puede que hoy creamos que exageran o subestimemos lo que sienten, pero en su momento nos sentimos igual. Somos mamíferas, mamás lobas y es más lo que nos une que lo que nos separa».

El encanto del caos

En este cuarto desordenado, caótico y lleno de juguetes por todos lados se narra una historia, la de mis niños que han jugado felices el domingo por la mañana y que están sanos con la energía suficiente para dejar patas arriba la sala. También me muestra, indirectamente, que han usado su creatividad y fantasía para armar historias de castillos, dinosaurios y robots . El caos me susurra que mis peques han sido aliados en su juego, al mismo tiempo que forjan lazos sanos de hermandad. Me sacude y me grita: «están vivos y están contigo en un lugar seguro». Este es el verdadero encanto del caos, el poder ver más allá, el ser AGRADECIDOS por todas las bendiciones que tenemos a diario y a veces no solemos ver porque solo nos enfocamos en la pila de juguetes a ordenar. Somos dueños de nuestros pensamientos, enfoquémonos en lo que realmente importa. Agradece, ama, ayuda: son las «3 A» que no debieran faltar en tu familia.

¿Cómo dejar de ser una mala madre?

Ayer fue uno de esos días de la maternidad en los que nada sale como lo planeamos, esos días de total desconexión. De golpe me encontré a mi misma repitiéndome en la cabeza frases muy feas: «soy pésima en esto de la maternidad», «estos niños merecen una mejor mamá», «encima que paso todo el día pendiente de ellos parece que no puedo conformarlos con nada», «tal vez su vida sería mejor sin mí».

Ayer fue uno de esos días de almorzar a las cuatro de la tarde, de cafés helados, de niños de mal humor a los que nada les venía bien, mamá «hipercansada» por una noche muy mal dormida, de peleas de hermanos con gritos y drama, de llegadas tarde, de comida en el piso. Al final del día, estaba muy tensa y se me escaparon unas lágrimas que disimulé muy bien mientras cocinaba la cena.

Pero cuando tomé consciencia de que había tenido todo el día esos pensamientos tan horribles en mi cabeza, supe que tenía que parar y recordarme a mí misma que puedo tener días malos, pero que eso no significa que sea mala madre. Entonces, cuando se durmieron los chicos salí a caminar para analizar cuáles eran los motivos por los cuales me sentía así, y de paso me descargué con un par de amigas por wasap.

Entonces, me di cuenta de que si en realidad fuera tan mala como creía, directamente no me lastimaría sentirme así, que solo el hecho de percibirme mala mamá significaba que mis hijos me importan tanto que intento ser siempre la mejor versión de madre para ellos. Si fuera una mala madre no me dolería verlos llorar ni tampoco me importaría que comieran cualquier cosa o se la pasaran dopados en la tele todo el día. Si fuera tan mala mamá no estaría llorando mientras camino porque quisiera ser mejor. Si fuera tan mala mamá directamente no sentiría remordimiento alguno.

Lo que esta culpa realmente demuestra es que amo a mis hijos y quiero que sean felices y estén bien, aunque eso supusiera alejarme de sus vidas, sería capaz de sacrificar la dicha de tenerlos a mi lado si eso me garantizara su bienestar y felicidad. El desasosiego significa que de verdad me importa ser mejor. Y eso es lo más relevante, porque la vida está llena de días no tan buenos.

Entonces, ¿cómo dejar de ser una mala madre? Dejando de pensar o insinuar que lo somos. Si nos enfocáramos más en los días buenos (que son la mayoría), y menos en los días malos, no sentiríamos tanta culpa.

Volver

Si pudiera volver a criar a mis hijos:
corregiría menos y conectaría más.
Mandaría menos y jugaría más.
Gritaría menos y cantaría más.
Arreglaría menos mi casa y más mis emociones.
Seguiría menos el qué dirán y más mi instinto.
Usaría los dedos para pintar en lugar de señalar.

Volaría más cometas, daría más besos mariposa, haría más castillos en la arena, cocinaría más galletas.

Estaría más presente, más vulnerable, más permeable, más humana y menos de manual.

Yo contra todos

Nunca te sientas mal porque una decisión sobre tu crianza moleste a otras persona. Tú no eres responsable de su felicidad, sino del bienestar de tus hijos, aunque eso implique distanciamientos, aunque implique dejar de frecuentar lugares, reuniones o personas. No es justo que te hagan sentir mal, no es justo para con tus hijos que otros adultos intenten manipularte o manipularlos para amoldar todo a sus deseos o creencias, no es justo que otras personas se dirijan a tus hijos con gritos o etiquetas poco felices y tengas que «soportarlo». ¡No lo toleres! Alza la voz, defiende tu cría, tu instinto y tu crianza. Defiende tu familia y la salud psicoemocional de quienes más te necesitan, tus hijos.

El llanto que asusta

Hoy fuimos a la playa algo tarde y llegó un

momento en el que mi hija de tres años estaba muy cansada, llorando un poco por el sueño. La reacción de la gente ante su malestar me llamó mucho la atención. Le acercaron juguetes, le hacían muecas y trataban de distraerla, pidiéndole que mire para aquí o para allá, algunos querían hasta cargarla o le ofrecían un dulce y a mí me causaba gracia porque nada funcionaba, pero pasado un momento empecé a reflexionar sobre cómo socialmente tratamos de reprimir las emociones negativas, como si existiera una necesidad de que se acaben pronto, nos asusta transitarlas. ¿Qué necesitaba y quería mi nena para regularse? LOS BRAZOS DE MAMÁ. No hay juguete ni golosina ni teléfono que logre lo que los brazos de mamá logran en «esos momentos» y hay dos aspectos a los cuales debemos prestarles atención.

El primero es recordar que, por más buenas intenciones que tengamos, las emociones negativas no hay que taparlas, esconderlas, reprimirlas o cubrirlas con distracciones, golosinas y menos que menos doparlas con vídeos. Hay que dejar que las criaturas las expresen, las saquen de dentro y dejar también que mamá, que es quien más conoce a sus hijos, ayude a gestionarlas en el momento que ella sienta que es apropiado, por mucho que el llanto incomode o altere. Por último: el abrazo, la teta y el amor, son más que suficientes, en esos instantes los niños no precisan nada más, ni nada menos.

Lo que me enseñó la maternidad

¿Qué me enseñó la maternidad? El valor del silencio, lo poco que conocemos nuestros gatillos emocionales, la importancia de la paciencia, lo que significa renunciar y postergar. El verdadero miedo, el verdadero amor incondicional sin dependencias ni egoísmo, lo necesario que es tener un tiempo a solas, lo esencial de repasar y sanar heridas emocionales que parecen inofensivas. La maternidad me confrontó con un agotamiento para mí desconocido, me ayudó a descubrir a mis verdaderos amigos, a darme cuenta de lo que realmente importa. La maternidad me enseñó a juzgar menos y abrazar más, a ser más agradecida, tolerante. Me enseñó a decir no, a decir basta. Me puso de frente con mis lados más oscuros, la pereza, la desidia, el hartazgo, la apatía, los asuntos pendientes. Pero también con mi vulnerabilidad y con todo el potencial que hay en mí. La maternidad me hizo redescubrir la ternura, la inocencia, el amor más puro, la creatividad, el ingenio, la verdadera compasión. La maternidad llegó cuando tenía que llegar, justo en ese preciso momento, para enseñarme lo que tengo que aprender, lo que tengo que soltar y a lo que debo aferrarme.

Benditas tetas

La teta es almohada, oso de peluche, remedio, calor, pañuelo de lágrimas. La teta es amor, conexión, vínculo puro. La teta es un millón de cosas, todas en una y de lo más ecológico que pueda existir. La teta es sinónimo de base segura y protege contra todo mal. Es ese tan anhelado primer contacto piel con piel, que ni en los sueños más hermosos se podía dimensionar.

La teta es compañera de aventura, es la calma en el caos sensorial o emocional. Es abstraerse del mundo y conectar. Pero la teta es también agotamiento, perseverancia, aburrimiento y por momentos hartazgo. Como todo proceso tiene altos y bajos y hay que aceptarlos y aprenderlos a modular.

La teta es, según mi hija, suavecita y esponjosa. «Mi tetita», la llama y la acaricia. Y aunque ya no tome sigue pidiendo tocarla cada noche para dormirse como su anclaje emocional.

Benditas tetas, benditas mujeres, benditas *doulas* y asesoras de lactancia. Bendita tribu que apoya y alienta para no dejar, para no acobardarse, para no ceder ante la presión social. Benditos momentos mágicos, guardados en la retina, por siempre.

La lactancia para mí

Fue instinto,
fue incertidumbre,
fue desafió,
fue logro,
fue una sorpresa,
fue paz,
por momentos esclavitud,
fue conexión mística,
fue paño de lágrimas,
fue necesaria,
fue diversión,
fue empoderamiento,
fue una puerta mágica,
fue amor.

La lactancia me empujó a percibir la crianza desde una perspectiva nueva. La lactancia me conectó con la tierra, con la naturaleza, con otras madres. Hoy la celebro, me celebro, celebro a mis hijos porque tuvimos cuatro años y dos meses de lactancia exitosa aun durante el embarazo, con destetes muy naturales y fluidos. Celebro y agradezco a mi cuerpo, templo de creación de vida y alimento.

El día en que en el inconsciente colectivo se instale la desexualización de la lactancia materna y se sexualice el acoso verbal y la invitación sexual disfrazada de piropo inofensivo, vamos a evolucionar como sociedad. Mientras tanto si mi teta te incomoda, mira para otro lado y si verme dando pecho «te calienta» también mira para otro lado.

Cuando seas mamá vas a entender

«Cuando seas mamá vas a entender», me decía mi mamá, cuando le reclamaba que mi ropa no estaba planchada, cuando le exigía que trabajara más horas para comprarme las zapatillas que todas mis compañeras llevaban, cuando le retiraba la cara porque no quería que sus besos me estropearan el maquillaje. «Cuando seas mamá vas a entender», me decía mi mamá, cuando llegaba a mi casa en la madrugada y ella me esperaba medio dormida leyendo un libro, cuando me enojaba porque no me dejaba ver programas de televisión que muchas de mis amigas veían. «Cuando seas mamá vas a entender», me decía mi mamá, cuando no comprendía por qué seguía abrazándome aun cuando la trataba pésimo. Mamá, quiero que sepas que le agradezco a Dios el haberme dejado experimentar la maternidad a tiempo para pedirte perdón, agradecerte con el corazón y para decirte: «mamá, ahora lo entiendo todo».

La madre que mira a la madre

Cada vez que puedo y que estoy atenta trato de tomarle fotos a mi marido con mis hijos en lo cotidiano: cuando juegan, cuando están cocinando, cuando les cuenta un cuento. No sucede lo mismo para conmigo. Él no me toma fotos con los chicos, tengo que pedírselas y al hacerlo se corta la magia de lo espontáneo.

Resulta que las fotos que nos saca él son posadas, son armadas, son pedidas. Y a mí lo que me gustaría es tener fotos en lugares comunes, del día a día.

Porque esos momentos que no parecen particularmente especiales sí que lo son, ya que relatan la historia de nuestra familia, la danza de la crianza. Fotos juntos leyendo un cuento, lavándonos los dientes, dando teta, jugando a Pinypon y a Playmobil, barrenando olas en el mar, peinando a la peque, haciéndole masajes al mayor.

Las fotos que tengo de este tipo son pocas y no me las ha tomado mi pareja, sino mi madre que con su sensibilidad compartida puede ver en esos lugares comunes lo que el afuera filtra. Ella los percibe como mágicos y los registra, porque al haberlos vivido puede ver más allá de lo que aparenta ser simple de lo que aparenta ser intrascendente. Mi madre es la madre que mira a la madre.

Y la tenemos lejos, y nos vemos poco, pero cuando lo hacemos ella me pasa las mejores fotos, las más espontáneas, las menos posadas y las más reales.

Gracias mamá, gracias por ver a la madre que mora en mí, esa que tantas veces se sintió invisible.

Confiar

Una vez, cuando mi hijo tenía dos años, alguien me dijo que era un diablo, otra persona lo llamó «mini Hannibal Lecter». Mi crío lloraba mucho, tenía unas explosiones emocionales potentes, se frustraba. Cuando íbamos al parque a veces empujaba a otros niños, lloraba en el coche desde que salíamos hasta que llegábamos a destino, no compartía juguetes, quería estar en brazos todo el día y, aunque la espalda se me partía, brazos le daba.

Al principio, quienes le pusieron esos adjetivos tan injustos me hicieron dudar de que había algo mal en él, que necesitaba «mano dura». Pero mi instinto me dijo que NO y decidí leer y formarme en lugar de creerle a la vecina o al verdulero, y así nació mi blog «Mamá Minimalista».

Y entonces elegí CER (consciencia, empatía y respeto) Elegí la tolerancia, la paciencia. Trabajé en mí, tomé clases de baile con mi culpa materna, hice oídos sordos a los comentarios ponzoñosos. Pero lo más importante: confié en el proceso, confié en mi hijo y confié en mí.

A los cuatro años ya prestaba sus juguetes, cedía con su hermana y su amigos cuando le era posible. Poco a poco aprendió a negociar y cooperar. Hoy con seis no le pega a nadie, tolera la frustración muy bien, puede esperar una gratificación. Ya no llora como hace unos años. Sí que llora cuando se lastima o tiene miedo y ahí seguimos, validando. Me han llegado a decir: «tu hijo es un amor, es educado y amable», «es tan cuidadoso con los críos pequeños», «qué cariñoso y paciente es tu peque».

¿Qué hubiera pasado si me convencían de que el que estaba mal era él y no las creencias arcaicas? ¿Y si le hubiera hecho caso a la vecina y le hubiera pegado, castigado o forzado a crecer? Estoy segura de que no sería el niño que es hoy, estoy muy segura por lo que he aprendido, vivido y observado en mis terapias.

Me ha costado gestionar toda su tempestad emocional, no voy a negarlo: me ha removido mucho y por momentos me he cuestionado si no estaría perjudicándolo. ¿Pero cómo puede estar errado amar, validar, contener y esperar?

No era un diablo, no era Hannibal, era un bebé con un cerebro en desarrollo, era una criaturita que necesitaba ser guiada y gestionada con amor, paciencia, calma y respeto para crecer y ser. La crianza respetuosa y rebelde es un árbol de frutos que maduran lentamente, pero que son los más dulces. Yo crío con respeto.

El viaje de tu vida

Si te dijera que te has ganado los boletos y la estadía para el viaje más maravilloso de tu vida pero que en el mismo habrá días en los que te sentirás sola, habrá aldeas totalmente deshabitadas durante el camino.

Si te dijera que este viaje va a cambiarte la vida y te hará mejor persona, pero que durante el camino deberás superar muchos obstáculos y habrá días en los que no te quedará más que caminar bajo la lluvia, con tu mochila pesada y llorarás del dolor.

Si te dijera que verás los paisajes más increíbles y que tus ojos no creerán la belleza a tu alrededor, que llenarás tus retinas con una paz y una armonía jamás imaginada, pero que algunos otros días los paisajes serán monótonos y aburridos.

Si te dijera que en ese viaje conocerás personas maravillosas y harás nuevas amigas que estarán caminando a la par y te acompañarán en muchos tramos sosteniendo tu mano y compartiendo su alimento, pero a la vez te darás cuenta de que algunos de tus viejos amigos no eran en realidad tus amigos.

Si te invitara a está gran aventura: ¿Irías? ¿Harías el viaje? Pues bienvenida al viaje de tu vida: la maternidad, con sus claroscuros, con sus alegrías incomparables y recuerdos maravillosos, pero también con un cuerpo cansado y una mente saturada en determinadas etapas.

El amor de tu vida no son tus hijos, el amor de tu vida eres tú. Tus hijos serán probablemente a quienes más ames en tu vida, pero el gran amor de tu vida ha estado siempre en ti, cuando aprendas a amarte y aceptarte le enseñarás a tus peques una importante lección de vida. Ellos llegaron para que te conozcas, te reconozcas y te quieras más, llegaron para cambiarte la vida, ponerte a prueba y comprender al fin lo que significa la voluntad de dar tu propia vida por alguien más.

4 FEMINISMO Y MATERNIDAD

Papa NO ayuda

Me cuesta creer, me molesta, me da vergüenza ajena y me indigna que en el siglo XXI, cuando estamos en plena revolución de género, rompiendo paradigmas a diestra y siniestra escuchar comentarios del tipo «qué buen papá cómo ayuda con los quehaceres», «qué suerte ese hombre que te tocó, cómo juega con sus hijos».

¿¿¿PERDÓN??? ¿Cómo que «AYUDA«? ¿Qué SUERTE? No está ayudando, son sus hijos, es también su casa, esos platos los ensució él, los niños llevan 50% de su material genético, es un adulto. No está ayudando, ejerce su paternidad.

Pero lo peor del caso no es lo naturalizado que está, sino cómo somos las mujeres las que no le damos el peso que se merece, porque pocas veces leo «el padre no ayuda, es su deber y obligación», pero en cambio sí leo seguido «qué suerte que el tuyo te ayuda, el mío nunca ha lavado un plato» o «mientras sea buen proveedor no te quejes» o «encima que llega cansado del trabajo le pides que lave», pero la que más me indigna es «no te quejes, así son los hombres, qué le vamos a hacer». No, así NO SON los hombres, así son los desconsiderados, los irresponsables, los egocéntricos, los machistas. Así no son los hombres, en eso los transformamos en el seno del hogar, en eso los transforma la sociedad patriarcal.

Dentro de todos los atributos de la construcción social del rol de madre se hace mucho hincapié en que nosotras debemos ser «cero quejas», debemos «aguantar» y ser «fuertes», porque eso implica el ser madres, o mejor dicho: mártires. Pero sucede, que cuando te haces la fuerte, la que puedes con todo, la que se lleva el mundo por delante, el afuera termina por creerlo y asumir que puedes sola, que te gusta encargarte de todo, que no necesitas ayuda, ni un abrazo, ni ningún tipo de contención o sistema de soporte. Se asume que no necesitas un hombro para hacer catarsis, ni siquiera mereces ser mirada porque eso te toca, porque nadie te obligó a ser madre.

Pierdes tu voz y te transformas en invisible, tus necesidades se ocultan debajo de tu caparazón de supermamá. Y si nadie te mira: ¿cómo puede el sistema apoyarte? Cuando la sociedad y tu entorno se creen el cuento de que eres una madre fuerte que soporta y puede con todo, nadie se detiene a pensar que tú también tienes miedos, sufres, te estresas y te cansas. Cuando la sociedad y tu entorno se creen el cuento de que eres la madre fuerte que todo lo aguanta, asumen que vas a estar siempre bien, asumen que no importa lo que pase porque tú sacarás todo adelante, sin quejas, sin vacilaciones. Si tú te vas todos se dan cuenta muy rápido, pero cuando estás ahí, eres invisible porque se da por hecho que puedes con todo. Deja fluir tu imperfección, deja que los demás se den cuenta de tu vulnerabilidad, eso no te hace «débil», te hace visible y humana porque no, nadie puede ni debería poder con toda las cargas sola.

Mi marido no es mi príncipe azul

No, él no vino para salvarme. No tiene un corcel blanco, ni empuña una espada para defenderme. Mi marido no es mi príncipe, es mucho más que eso. Él no es autoritario, ni utiliza la violencia o la fuerza para argumentar. Asume su paternidad en lo cotidiano y no desde un pedestal machista. Se involucra en todos los aspectos de la crianza y del hogar. Colabora sin que le tenga que pedir nada. Ejerce su paternidad con alegría, orgullo, agradecimiento y amor.

Mi marido no es mi príncipe azul. No es el hombre ideal de las películas, el valiente, el supremo. Él es humano, es sensible, es compañero, es leal, es fuerte cuando se necesita, pero puede ser frágil y no se avergüenza. Él no es mi superior, ni mi amo, ni mi señor, es mi par. No necesita llenarme de flores y obsequios para tapar sus ausencias o sus engaños, porque está siempre presente y la honestidad es uno de nuestros pilares. No lo venero por miedo o por sumisión, lo hago por respeto, por admiración, por agradecimiento, por amor.

Lo envidio por momentos, porque él tiene tantos dones que a mí me faltan... Pero soy consciente de que no es perfecto, de que también se equivoca y que todos seguimos aprendiendo juntos. Lo complemento, me complementa, aquí y ahora.

Si no estuviera sé que saldría adelante porque soy perseverante, pero la vida perdería demasiados matices, colores que costaría mucho que volvieran a brillar y algunos jamás lo harían de nuevo. Pero si él ya no estuviera físicamente su legado de amor y compasión viviría en la eternidad de las vidas que ha tocado.

No, mi marido no es mi príncipe azul, es mucho más que eso, es mi oveja negra favorita, mi compañero multicolor.

No es normal

La maternidad también nos confronta con nuestros demonios, miedos, dudas y nada tiene que ver con la imagen que nos vendieron de bebés jugando solitos mientras horneamos un pastel y leemos un libro felices y plenas: nada que ver. ¿Eso quiere decir que preferiría no tener a mis hijos o que me arrepiento de tenerlos? Nunca, los adoro, mi agotamiento emocional no es directamente proporcional al amor por mis críos, pero tengo que confesarlo: sí, alguna que otra vez me detuve y opiné: «no sé qué estoy haciendo aquí si es evidente que soy una pésima madre». Alguna que otra vez pensé: «¡Madre mía!, son las cinco de la mañana, no tengo energías para encarar otro día más». Y alguna que otra vez pensé: «lo único que quiero es estar un rato sola».

Y eso es NORMAL, porque el agotamiento le tenemos que sumar el cansancio físico y las hormonas del estrés a flor de piel por la falta de sueño, el aislamiento social, entre otros. Lo que no es normal es que a ese cóctel el afuera le sume la CULPA, provocando que las madres nos sintamos mal por sentirnos mal. Lo que no es normal es pretender que las madres seamos mártires, abnegadas y todopoderosas. Lo que no es normal es asumir que si una desea tener hijos deba resignar su libertad o su vida. Si mamá se incorpora al trabajo allí habrá miles de cuestionamientos y palabras que juzgan, pero nadie dice nada cuando papá vuelve a trabajar. Si mamá se queja es una reina del drama y una exagerada, pero si papá se queja es un valiente por mostrar sus sentimientos. Si mamá se va un fin de semana con las amigas para desenchufarse es una abandónica, una loca, una desquiciada, una egoísta. Si papá se va un fin de semana se lo merece porque trabaja mucho.

¿Observamos cómo la construcción social del rol más que oprimirnos nos estruja? Nos quieren débiles, nos quieren mártires, porque saben que despiertas y empoderadas tenemos la capacidad de cambiar el mundo.

El verdadero problema de las madres *millenn*ials

Los problemas de las madres *millennials* no son que tenemos poco tiempo para ir a hacernos la manicura, que no dormimos las ocho horas que recomiendan los especialistas, que somos «esclavas» de la teta o que quedamos con algunos kilos de más, no se confundan, no nos trivialicen. Los problemas de las madres de la posmodernidad son profundos y coyunturales: nos hemos quedado sin tribu, estamos obligadas a institucionalizar a bebés de tres meses para regresar a trabajar y pagar los gastos, no tenemos apoyo del sistema, no tenemos derechos como colectivo, somos estigmatizadas, culpadas y hasta condenadas. «¿Y quién te mandó tener hijos?», la típica y básica respuesta que nos da el afuera en lugar de ser valoradas o mínimamente respetadas. No tenemos contención del estado ni ayuda para nuestra reinserción laboral. Las licencias son cuentos de terror que vulneran absolutamente el derecho de los niños a formar un apego seguro con sus madres y que ponen en riesgo la lactancia la cual, muchas veces, es vista por los otros como una gran carga o un recreíto del trabajo, cuando debería verse como un acto humanitario imprescindible y una inversión a futuro para la salud pública. Nuestra labor en el hogar es subestimada cuando debería ser considerada la base de la formación de las sociedades. Esos son los verdaderos problemas de las madres de la posmodernidad.

La brecha

Conozco muchísimas madres que han tenido cesárea, que sienten, al menos, un deje de tristeza, impotencia o envidia sana, al escuchar el relato de parto de quien parió con dolor y sin anestesia como una leona salvaje «superempoderada» y orgullosa de su poder. Lo absurdo, en realidad, es que esa bola de emociones negativas es provocada e impuesta por otras madres que no saben que a las palabras, a veces, no se las lleva el viento, y lastiman. Y le sigue la mitificada lactancia materna: las que lo consiguieron se enorgullecen de ello mientras flamean la bandera lactivista que muchas veces es la bandera de la exclusión o de la brecha y entre tanto aquellas que no pudieron se sienten culpables y ante cada problema de crianza asumen que es por la falta de lactancia.

Porque de verdad, hay quienes NO pudieron y eso las persigue cual fantasma. Veo competencias para ver quién cocina más sano, quién organiza los mejores cumpleaños y quién cría con más apego. Quién volvió a su peso más rápido y no le costó nada desprenderse de esos kilos rebeldes. Veo una brecha que solo divide, una falta de empatía, de unión. Lo paradójico es que esas actitudes las ven, las sienten y las imitan también nuestros hijos. Divide y reinarás. ¿Se imaginan qué generación podríamos criar si lo hiciéramos en hermandad y tolerancia? Recuperemos la tribu que se enriquece de la diferencia, que no abandona al que es diferente o vulnerable, sino que lo abraza y lo protege. Recuperemos la tribu que no le impone su ideología a nadie, aquella que educa desde el ejemplo y está abierta al debate, todas somos maestras si se nos da el espacio para expresarnos, de todas algo siempre se puede aprender. Eso es ser madre. Es hora de relajar, de bajar la guardia, de mirar para adentro y no tanto para afuera. De dar lo que podemos y de soltar lo que no pudo ser. De dejar de competir entre nosotras porque unidas llegaremos más alto.

Cada madre es libre de elegir cómo criar a sus hijos, siempre que no haya abuso o negligencia, claro está. Nos preocupamos en poner énfasis en las diferencias y nos 'burlamos' de las que crían distinto de nosotras, y eso es lo que domina las redes sociales, mientras que el verdadero desafío y lo que realmente falta es visibilizar algunas cuestiones de la maternidad, como, por ejemplo, el asumir o dar por sentado que todas las mujeres madres sentimos y pensamos igual y queremos lo mismo para nuestros hijos, para nuestra maternidad o para nuestras vidas, lo cual es un error en el inconsciente colectivo. NO TODAS QUEREMOS LO MISMO. Ser madres no nos vuelve seriadas o idénticas, solo nos acerca a experiencias similares pero con diferentes enfoques y acciones. Las madres mutamos, cambiamos, crecemos y nos sentimos diferentes. Incluso entre la llegada del primer hijo y la del segundo podemos cambiar radicalmente de estilo de crianza, lo cual es también absolutamente válido (de los errores se aprende, dicen). Por eso es que si primara el respeto esta guerra inventada llegaría a su fin y podríamos encontrar esa humildad que nos devuelve la permeabilidad y nos aleja del absolutismo cuando de crianza se trata. Sororidad ya está en el diccionario, solo falta que la practiquemos más seguido y que podamos incorporar también en nuestros maternares.

Las conquistas de las mujeres

No hay duda de que nuestras ancestras han hecho cambios importantísimos a nivel de la estructura y en el entramado social en el cual hoy vivimos. En los dos últimos siglos hemos conquistado grandes logros para el género que a muchas les ha costado hasta la vida. Que una mujer votara, usara jeans, trabajara de manera remunerada, estudiara en la universidad, piloteara un avión y hasta pudiera estar en *tople*ss en la playa, hace menos de un siglo eran situaciones inconcebibles y hubieran implicado encarcelamiento o internación en un centro mental.

Cambiar los paradigmas y las creencias toma muchísimas generaciones, es un proceso paulatino, por eso que para nuestras abuelas hay cosas de la posmodernidad que aún les genera un conflicto interno y seguramente nos pasará lo mismo a nosotras pasados unos años. Y es que toda la información, las normativas, los mandatos sociales con los que crecemos durante toda la vida terminan por formar parte de quienes somos, y dejarlos de lado es, en parte, matar nuestra propia identidad.

Uno de esos grandes logros fue trabajar fuera del ámbito doméstico, pero ¿lo fue en realidad?, ¿lo es para las madres cuando la supuesta conciliación trabajo-familia es una parodia? Por más que las divisiones de las tareas del cuidado de los hijos y el hogar estén más parejas para muchas familias (no todas), hay una realidad que es menospreciada y minimizada: el lazo que tienen los hijos con las madres los primeros años de vida requieren una demanda física y emocional muchísimo mayor que el que se genera con los padres. Por otra parte, las madres sufrimos de un constante juicio de valor si decidimos seguir trabajando y no quedarnos en casa a criar a tiempo completo y, además, el marco legal no protege la infancia y el lazo madre-hijo (baja por maternidad, lactancia, horarios flexibles, salario igualitario). Si tu hijo se enferma no te pagan el día si te ausentas del trabajo. En definitiva, la madre sale a trabajar, pero sus demandas en el hogar siguen siendo casi las mismas que cuando era solo ama de casa. Ha pasado de una labor a dos labores, de una demandas de rol a dos o más demandas de rol, eso no es una ganancia para el género, porque el mundo pretende que las mujeres madres trabajemos fuera de casa como si nuestros hijos no existieran y que criemos hijos como si no tuviéramos que salir a trabajar, lo cual resulta imposible. Lo que ciertamente debería cambiar son las políticas, programas y las leyes laborales que garanticen y puedan sostener licencias por maternidad más largas y acordes a las recomendaciones de los organismos internacionales de salud. Es más, debería regularse de mejor manera la normativa en cuanto a horarios y flexibilidad laboral con énfasis en la conciliación familiar, teniendo en consideración la protección de las madres que se dedican a las tareas domésticas a tiempo completo y, por último, una evolución en la sociedad para dejar de delegar solo en las mamás el peso de la crianza. De esta manera madres y padres podrán hacerle frente a la primera infancia sin terminar «quemados» y con estrés crónico. La etapa preescolar es importantísima para el desarrollo cognitivo y cerebral; la lactancia materna y el vínculo con la progenitora marcaran la vida del niño de por vida. La verdadera revolución feminista de las madres no es salir a trabajar, es el poder elegir hacerlo o no, contando con un sistema que nos contenga y nos soporte, sin dejar de lado la escolarización, favoreciendo oportunidades para poder emprender desde el hogar o trabajar a medio tiempo con una paga acorde a nuestro desempeño y no a nuestro sexo. Esa es la verdadera revolución feminista del siglo XXI.

Para ellos también es difícil

Hoy mi marido me comentó sobre cómo para los papás que crían con respeto, también la carga es complicada. Y cuando hablo de la «carga» me refiero a todas las exigencias emocionales que la sociedad les ha impuesto con respecto a su rol.

Un papá me decía hace unos días qué complicado era para él ser un buen padre o un padre respetuoso cuando no tuvo ese ejemplo en su hogar. Es complejo cortar con el estigma de que el padre es quien debe ejercer la autoridad autoritariamente y no democráticamente, es complicado lidiar con algunas frases que tenemos grabadas a fuego y que a veces se disparan: «cuando llegue papá vas a ver», es complicado ser vulnerables y mostrar los sentimientos cuando toda sus vidas les han dicho que los repriman.

Los papás que crían con respeto quieren ser modelos a seguir, pero muchas veces se encuentran perdidos y también explotan y se sienten culpables cuando se encuentran acorralados entre lo que su corazón les dice que es la disciplina (educar) y lo que la sociedad les dice que es la disciplina (castigar, golpear, amenazar).

Así que hoy quiero abrazar y agradecer a mi

marido y extender el abrazo a todos los padres que crían con respeto, porque el estilo de vida y el estilo parental que llevo no sería posible sin su participación, ya que es un pilar fundamental en la familia.

Espejismo

Cargamos con una maternidad construida socialmente por miles de años, una maternidad patriarcal impuesta que nos limitó y fue la excusa perfecta. Luego el movimiento feminista que nos dio, tras larga lucha, la maravillosa posibilidad de ELEGIR, mas, sin embargo, esta elección es solo una ilusión, un espejismo. Porque elegir sigue siendo renunciar y porque renunciar sigue siendo NUESTRA CULPA y porque seamos honestas: ¿cuántas de nosotras realmente podemos elegir si con un solo salario es muy difícil vivir y si tantas otras deben criar solas? Hay tanto que trabajar para que las madres podamos realmente elegir si salir a trabajar o quedarse trabajando dentro o, tal vez, hacer las dos cosas conciliando en equilibrio. Hay tanto camino aún por recorrer y hoy decido caminarlo por mi hija y por mis nietas y por aquellas que vendrán.

La cesárea robada

A mí me robaron los primeros instantes de la vida de mi hija. Fui a cesárea de urgencias en un día gris y lluvioso. No fue lo que había planeado, no fue lo que había soñado. Se la llevaron y nadie parecía escucharme. Y aun con la confusión por la anestesia y los dolores que conlleva una cirugía, intentaba una y otra vez levantarme para ir a buscarla, pero no me dejaban. Cuando ya habían pasado doce horas de incertidumbre y angustia le pedí en un grito a una enfermera que me estaba canalizando que, por favor, me trajera a mi bebé, y ella en su ignorancia, me contestó:

—¿Para qué quieres que te la traiga?. Lo que necesitas es descansar, a tu beba ya le dieron biberón, aprovecha y relájate.

¿Para qué quiero que me la traigan?, ¿relajarme?, ¡cómo podía relajarme! No me había hecho una liposucción, no me habían quitado grasa de los flancos, me habían sacado a mi hija recién nacida.

Yo no tuve hora sagrada, yo no tuve piel con piel, y la lactancia me costó porque le dieron biberón sin mi consentimiento. A mí me robaron ese primer encuentro, ese primer llanto, ese primer contacto. Me robaron mi lactancia. Nos la robaron a las dos. Un crimen sin culpables aparentes ni testigos ni castigo, porque esta situación está normalizada, porque nosotras no tenemos derechos.

Y terminé por bloquear mi experiencia, porque dolía demasiado y porque después de tantos discurso acabé por creer que la exagerada era yo, luego observé que esa impotencia la había canalizado en ansiedad y tristeza. Y quedó clavada en mí la espinita de la impotencia y necesito sacarla, gritarlo. Porque ES IMPORTANTE, porque SOY IMPORTANTE, porque SOMOS importantes, porque no exagero. Y si lo escribo aquí es para que las futuras mamás puedan establecer muy claro y de antemano en un acuerdo firmado los requisitos del nacimiento de sus hijos, porque no somos mercancía, ni número en una camilla de hospital, somos seres HUMANOS. Lo cuento porque al hacerlo sano un poquito más y la herida cierra, aunque la cicatriz permanezca visible siempre, porque no puedo volver el tiempo atrás, pero cómo me gustaría.

La cesárea también debe ser respetada, al igual que un parto y el contacto piel con piel, y la lactancia iniciada lo antes posible debieran ser derechos universales y no demandas particulares de una madre «exagerada».

Nota: Relato inspirado en una charla con una seguidora.

Solas

¿Por qué las mamás estamos desbordadas? Pues resulta que los humanos evolucionamos gracias a la crianza cooperativa, aquella que se mantuvo por la mayor parte de la historia de la humanidad, en la cual muchos miembros de una tribu o una comunidad colaboraban con las madres en la crianza de los niños, que no solo demandan mucha atención y desgaste emocional, sino también desgaste físico y calórico que puede tener efectos perjudiciales para la salud.

Evolucionamos como especie gracias a la crianza comunitaria y por eso es absolutamente antievolutivo exigirnos, a las madres, que criemos en soledad y bajo todas las demandas de rol que tenemos, sumado al aislamiento social que padecemos en la actualidad.

Es normal sentirse sobrepasada, agotada, culpable, desbordada, confundida, a todas nos ha pasado en algún momento, pero tenemos que poder hacerle frente a ese estrés y no hay nada mejor que la TRIBU para eso.

Es normal y lógico (y no mérito de galardón especial) que el padre críe a la par de la madre y se distribuyan las tareas. Hay situaciones en las que los niños solo quieren a su mami, sobre todo las relacionadas con contención emocional, con la lactancia, con la hora de ir a dormir, porque el vínculo es diferente, pero eso no exime al padre, quien puede encargarse de otras labores del hogar mientras mamá cubre esa necesidad emocional.

Te animo a armar una tribu, a salir de la zona de confort, busca a otras madres con quienes hablar y en quienes apoyarte. Armen reuniones, organicen salidas al parque, conózcanse, creen redes de apoyo, sobre todo quienes crían solas o lejos de su familia. Salgan al mundo. Te animo a quitarte de encima todas esas demandas de rol impuestas e injustas, a hablar con tu pareja a unirse y trabajar en equipo.

Tratemos siempre de priorizar a los niños en nuestra crianza sin caer en negligencias crónicas o injusticias para con nosotras mismas, pero poniendo también de nuestra parte para buscar soluciones que no les afecten a ellos.

El hembrismo anti-maternidad

En el transcurso de mi vida, crecí con una influencia feminista. Podía ser lo que yo quisiera, cuando yo quisiera; tenía el talento y el mismo potencial que cualquier hombre de mi edad. Podía estudiar, viajar, trabajar, casarme, no casarme, tener hijos o no. En mi casa nunca me presionaron para seguir mandatos sociales en ese aspecto. Era libre de elegir. Me sentía empoderada, apoyada por las de mi género. Me sentía aceptada.

Eso sí, cuando fui mamá y decidí ponerle un alto a mi trabajo para criar a mis hijos sin el apoyo de una guardería, me di cuenta que para muchas (no todas) pseudo feministas, o mejor dicho, para muchas hembristas radicales, ser mamá de tiempo completo no era compatible con el «movimiento». Me di cuenta de que podía elegir ser lo que quisiera, menos mamá de tiempo completo. Paradójicamente, son las propias congéneres las que en muchas ocasiones menosprecian el ser madre, el criar. Me refiero a aquellas que predican que al hacerlo nos estamos «rindiendo ante el patriarcado» o que somos «sumisas». Me han llegado a preguntar por qué, teniendo yo tanto potencial y una carrera en auge, desperdiciaba mi vida siendo «tan solo una ama de casa». Sí, amigas y conocidas (que no son madres) me han llegado a decir frases como: «has cambiado demasiado, tenías muchos proyectos y ahora no haces nada». Es como si creyeran que me vendí, como si me tuvieran lástima por priorizar la crianza de mis hijos sobre otras elecciones más egoístas y egocéntricas. Es como que «criar» para ellas es sinónimo de «no hacer nada», cuando viene a ser lo opuesto.

A ellas y a las que me juzgan sin conocerme les digo: «Tengo una carrera universitaria y un máster; he rendido exámenes de posgrado con mi hija al pecho; he viajado por el mundo; he trabajado de manera independiente de lo que he querido, aunque hoy escoja ser mamá y soy (lamentablemente) de las pocas que pueden elegir. Podría hacer lo que yo quisiera y quizás en unos años retomaré algunos proyectos, pero hoy, ante mi abanico de posibilidades y en completo uso de mis razones, escojo ser madre de tiempo completo. No me tengan pena».

Me siento privilegiada de poder elegir quedarme con ellos y amo hacerlo porque soy consciente que estoy poniendo en pausa mi carrera unos años para dedicarme al trabajo más importante de mi vida, que es el de construir un hogar estable para mis hijos, y he de decir que me ha costado mucho apaciguar mi ego y aceptar que ser mamá es suficiente. Soy consciente de que para la gran mayoría de madres está elección no es posible y creo que ahí deberían ir enfocadas las energías feministas, procurando que la conciliación sea realmente viable y disponible para todas.

La mayoría de las familias no tienen opción, mientras que muchas otras mujeres que sí la tienen prefieren seguir con su carrera a tiempo completo o medio tiempo y, ¿saben qué? Que si eso las hace felices, si les permite estar mental y emocionalmente estables y si pueden lograr desarrollar un apego seguro con sus hijos o estos tienen un cuidador que les ofrezca protección en todos los niveles las felicito, porque una mamá plena es la mejor versión de mamá, y ahí radica la clave, en respetar los deseos y las elecciones de cada quien, pero sin vulnerar las necesidades afectivas y emocionales de los hijos.

A fin de cuentas y más allá de las dos mil definiciones de feminismo que podamos encontrar según mis experiencias, lo entiendo como aquel colectivo que promueve y protege el derecho de las mujeres a elegir con plena libertad hacer de sus vidas lo que ellas deseen, lo que les de plenitud, sin sentirse juzgadas, sin sentirse menospreciadas, sin que sus elecciones conlleven pérdidas materiales o emocionales y lo que resulta más importante: sin tener que darle explicaciones a NADIE. Entonces, por cada mujer que pueda libremente elegir qué hacer de su vida bajo estas circunstancias, el feminismo gana. Si gana el feminismo el mundo gana, porque la opresión se debilita, porque la justicia habla.

Seguiré marchando

Me hacía ilusión tener una hija y a la vez me daba un pánico tremendo. Es duro ser mujer en este mundo.

Algunos hombres piensan que exageramos, pero es

que ellos no saben lo que se siente al tener miedo de caminar sola, mirando a cada rato para atrás, cruzándose de calle cuando se acerca un hombre, simulando tocar una puerta cuando presientes una actitud extraña.

No saben lo que es tener miedo de subirse a un taxi sola y tener que escribir la matrícula y simular una llamada perdida o avisar a tus amigas cuando llegas a casa viva.

Ellos no saben lo que es ir caminando y que alguien te agarre el culo y se ría impunemente, como si nada. No saben lo que es ver a un tipo parando su auto, pidiéndote una dirección mientras se masturba en tu cara cuando eres apenas una niña.

Muchos no saben lo que es decir «no» en la cama y que no se respete. No saben lo que es tener que caminar encorvando la espalda o bajándote la falda para que no te digan barbaridades para no sentirte intimidada. Con eso vivimos las mujeres, con eso crecemos, a esa mierda nos acostumbramos. Todo esto no me lo contaron, todo esto nos pasó a mí, a mi hermana y a mis amigas.

Ojalá mi hija no tenga que temer por la integridad sexual y física de su futura hija.

Ojalá no tenga que maquillarse golpes y fingir la sonrisa.

Ojalá los violadores y femicidas paguen con sangre.

Ojalá no me pregunten de nuevo si soy la secretaria del médico: no, yo soy la nutricionista.

Ojalá en mi currículum haber criado presente sumara puntos en lugar de restarlos.

Ojalá el feminismo dejara de existir, eso querría decir que hemos conseguido la igualdad, eso querría decir que ya no se crían más «machitos violentos y princesas sumisas».

Y mientras eso no ocurra,

además de por mí, por ti, por ellas, por las que vienen.

Quiero a mi hija viva y libre, quiero que no pierda esa inocencia en manos de un patán. Nuestras vidas valen. Quiero que su vida valga más que una maldita estadística. No somos un pedazo de carne.

Micromachismo

Hacer las tareas del hogar como la mierda para que la pareja tenga que rehacerlas, es micromachismo. Hacerse sistemáticamente el idiota o el desentendido mientras los niños tienen un conflicto para que sea mamá siempre la que gestiona, es micromachismo. El apreté económico luego de un acuerdo pactado, es micromachismo de pacotilla. «Está por llover y dejaste la ropa afuera, ¿no la vas a entrar?», le dice él a ella. Y ella le responde: «¿Y por qué no la entras tú?

La coparentalidad disfrazada solo puertas afuera no es coparentalidad, es una parodia que alimenta el ego del actor. Mujer madre: no te dejes, levanta la voz.

Lo que realmente agota

«Si te agota criar, no tengas hijos», me dijeron. El simplismo de la gente no tiene límites. Y es que criar sí que cansa, cansa estar pendiente de las criaturas de día y de noche. Pero lo que realmente me AGOTA no son mis hijos. Lo que me agota es que el mundo no está preparado para la niñez y que la crianza de los hijos no es ni prioridad ni importante para la agenda política. Lo que me agota es que la conciliación no es real y no es posible porque no hay red que sostenga maternares. Lo que agota es tener que explicar por qué no pego, por qué acompaño, por qué no castigo, por qué la educación tradicional no me convence. Agota explicar por qué hay cosas que como familia no hacemos para poder armonizarnos con las necesidades y tiempos de la infancia. Agota la soledad, la falta de tribu. Agotan los eternos micromachismos intrahogareños invisibilizados por un rol materno bastardeado. Agota tratar de revertir y desterrar creencias obsoletas sobre autoridad, sobre gestión emocional, sobre los roles materno/paterno.

Claro que maternar cansa, y si es con respeto y consciencia cansa el doble, pero no son los hijos lo que nos agotan, ellos son criaturas. Si la crianza fuera comunitaria, en tribu, quizás podríamos reparar y descansar un poco más, tal vez podríamos tener un espacio para respirar cuando sentimos que ya no damos más: ni un viaje al Caribe ni tres noches en un *spa*: tan solo veinte minutos para salir a dar una vuelta y bajar los niveles de ansiedad cuando los conflictos nos desbordan.

Lo que agota es la falta de herramientas, la falta de tiempo a solas, las comparaciones, los padres invisibles en lo cotidiano, pero hipervisibles en las redes sociales. Lo que agota es la culpa por no dar la talla y de eso ellas y ellos no son responsables.

El velo de la maternidad real

Últimamente veo el uso y abuso del hashtag «maternidad real» o «madre real»… Al leerlo continuamente, algo en mí se removía, por eso tal vez no lo uso. Después de meditar el origen de mi rechazo, llegué a una conclusión que es absolutamente personal, pero con la que quizás muchas comulguen. Para mí, y tras todo este tiempo de asesorar y ofrecer terapia, TODAS las maternidades son reales, tangibles, visibles, palpables. ¿Qué es «real» en la maternidad?:

La construcción social del rol de madre como una superwoman.

Las sombras, las dudas, los miedos.

La falta de real conciliación.

La presión externa e interna por ser perfectas.

La escasa corresponsabilidad.

La culpa, impuesta socialmente y gestada a partir del rol injusto.

Todo eso es real, asumido, maquinado. Pero no hay una maternidad más real que otra, todas las madres somos reales más allá de las etiquetas que nos pongan y nos pongamos a nosotras mismas. Comenzar a deconstruir el rol de madre es el primer eslabón para que no necesitemos seguir usando estos hashtags que nos dividen, que crean grietas donde no debiera haberlas porque más allá de las diferencias, en la mayoría de los problemas relacionados con la crianza y la maternidad somos todas reflejo, un reflejo tan real como la vida misma. Una mamá feminista no se cree superior o «más real» que otras madres. La madre feminista que puede elegir si salir a trabajar o quedarse en casa, por ejemplo, lucha por aquelllas que no pueden hacerlo ya que el no poder no las transforma en irreales o falsas madres. Una madre feminista, no señala a otras madres que tienen menos corresponsabilidad, moviliza recursos para que eso no siga pasando, divulga, milita. Todas (o la gran mayoría) estamos batallando nuestros propios fantasmas y la ilusión más grande es creer que somos diferentes. No hay cuerpos reales, hay cuerpos distintos, no hay maternidades más reales que otras, hay maternares diferentes. La diferencia separa y la separación nos resta fuerza como colectivo si solo ponemos el foco allí. Porque la maternidad que los medios nos venden no deja de ser real, es simplemente impuesta e INJUSTA. Deconstruir mandatos es imperante, pero también deconstruir etiquetas.

Lo estás haciendo bien

Cuando maternamos criaturas pequeñas es muy importante escuchar, de vez en cuando, la frase «lo estás haciendo bien», que se transforma en el bálsamo que alivia los cuestionamientos y las dudas sobre nuestra eficiencia e idoneidad como madres. El gran desafío en esta etapa es entender que «hacerlo bien» no significa hacerlo perfecto, o hacerlo como los demás esperan que lo hagamos. «Hacerlo bien» es criar en concordancia con tus valores, siguiendo más a tu intuición que a la gurú de Instagram que te machaca exigiendo siempre algo más. «Hacerlo bien», significa dar lo que puedes en el momento en el que estás, con los recursos que cuentas y la realidad que vives. Es tratar proactivamente de mejorar como madre, como persona. Significa estar abierta a cambiar, a evolucionar, a equivocarte, a seguir aprendiendo, a pedir perdón. «Hacerlo bien», significa amar sin asfixiar y sin ponerle condiciones a tu amor, aceptar tu vulnerabilidad y saber poner tus límites.

A medida que los hijos crecen, un día te darás cuenta de que lo más importante en realidad no es que te digan «lo estás haciendo bien», sino que TE digas «lo estoy haciendo bien», porque eso implica que finalmente te aceptas tal y como eres, que ya no dependes de la aprobación externa y que estás segura y enraizada en tus convicciones sobre tu maternidad. Significa que has podido abrazar esas sombras de las que hablo tanto, sabiendo que no te definen como persona o como madre. Cuando caes en la cuenta de que aunque el camino fue desafiante, lleno de subidas y bajadas y aun así pudiste sostener tus convicciones y mantenerte firme como el olmo, pero flexible como el bambú, una nueva etapa comienza. La etapa en la que te vuelves a reencontrar con tu nuevo yo, desde una mirada de autocompasión, amor y autocuidado.

«Lo estás haciendo bien» no es solo una frase de moda en las redes sociales, es un mantra feminista de aceptación de nuestra imperfección, de reconciliación con la maternidad, de poner un límite a la construcción social del rol de madres para la cual, sin importar lo que hagamos, las que estamos mal somos nosotras. Es devolverle la humanidad al rol materno y alejarlo de la idealización opresora. «Lo estás haciendo bien» es el abrazo femenino de la tribu, ese que tanto anhelamos y necesitamos.

Lo estamos haciendo bien, estamos cambiando el mundo aun desde la imperfección, aun desde los errores, aun desde el desasosiego que a veces nos cubre como manto que asfixia, más allá de lo que los demás opinen.

No pasa nada

«Tranquila, mamá, no pasa nada, estás exagerando».

Claro que pasa. Pasa que todos quieren algo de mí, al mismo tiempo. Pasa que si no lo hago yo, no lo hace nadie. Pasa que algunos días no crío solo dos hijos, crío a un tercero: al hijo de mi suegra. Pasa que si no salimos a tiempo, no los dejan entrar en la escuela o cierran el lugar al que necesitamos ir, o perdemos la cita en el pediatra. Pasa que si alguno se despierta por la noche y me llama me desvelo porque en el minuto que abro los ojos la lista interminable de pendientes se me cae encima. Pasa que si no me apuro, después tengo que soportar caras largas de su padre.

«Tranquila, mamá, no pasa nada, estás exagerando»… quizás a ti no te pase nada; a mí me pasa todo, todo me pasa por encima dejándome sin nada de energía. Síndrome del quemado le llaman. ¿Y de quién es la culpa? Pues al parecer, eso también me toca a mí, por no poder o no saber poner los límites a tiempo, por «mal acostumbrarlos», porque la empatía hacia las madres está tapada por el martirio heredado y cuesta mucho decir basta, decir no puedo, decir no.

Mamá no puede

Mamá no se puede enfermar y menos a fin de año… Luego de que tus peques han salido de un catarro o una gripe sabes que tienes los días contados, que en cinco días o, a más tardar una semana, caerás tú, porque entre besos, abrazos y dormidas juntos los bichos inevitablemente se te pegan. Así que mientras preparas tú armamento para evitar el resfriado con vitamina C, cúrcuma, mucho líquido, té de jengibre, limón y miel y tratas de recuperar el cansancio acumulado por las noches que estuviste en vigilia cuidando a tus hijos, tendrás suerte si terminas teniendo solo un pequeño resfriado.

Pero cuando llega fin de año y tu cuerpo ya ha acumulado demasiadas batallas, te tocará quizás un constipado de esos que te tiran en la cama… y me ha tocado a mí, mi cuerpo me dijo «no te voy a seguir pidiendo que pares, te voy a obligar a que pares». Y aun así, sintiéndome muy malita, me sigo levantando por la noche si mi hija me llama por una pesadilla con el hilo de fuerza que me queda, y trato de dejar todo lo que tiene que ver con la casa y las actividades de los chicos lo más listo posible para que la familia no entre en caos, y me dejó cuidar un poquito, porque al entorno a veces le cuesta dimensionar que mamá también se enferma. Y cuando percibo que ellos no me pueden cuidar por el motivo que sea, elijo cuidarme a mí misma y pongo los límites que mi cuerpo me susurra al oído. Y acepto (aunque me cueste) quedarme un día en la cama, (bueno, medio día) y me digo a mí misma que el mundo va a seguir girando, que no necesito traerme el ordenador al cuarto, que puedo estar sin hacer nada un ratito, ¡pero cómo cuesta!

Y cuesta más cuando tu hija de cinco años te dice «Mamá, ¿estás fingiendo estar enferma para no hacer nada?» Y ahí me doy cuenta que más que nunca es necesario educar a los hijos para que crezcan sabiendo que nosotras nos enfermamos, que no podemos con todo y que si algún día decido tomarme el día para no hacer nada, no tendré que fingirlo porque me lo merezco. También me doy cuenta de cómo las representaciones sociales del rol de madre abnegada penetran en nuestros peques en entornos más allá del fuero familiar y lo importante que es cambiar el *chip*.

Lo único positivo de este brutal catarro es que luego de tres años de no ver a mi madre ella justo está de visita. Entonces, cuando mi pareja y mis hijos están cada uno en su mundo, ella me sube un tecito y un jugo de naranja y me pregunta si estoy mejor. ¡Qué necesario es que a nosotras también nos cuiden y qué necesario es dejarse cuidar un rato! Quizás mi cuerpo, que sabio es, sintió que en este momento podía darse el lujo de rendirse ante el virus, sintió que al estar cerca la madre de la madre podía parar sin quebrarse.

Elegir en libertad
Ninguna madre debería tener que elegir entre

ganarse la vida o quedarse en casa a tiempo completo por presiones económicas.

Feminismo es también poder elegir si quedarse en casa trabajando o regresar al trabajo remunerado fuera del hogar por un proceso reflexivo propio y no por presiones externas, presiones tiernas, presiones de la pareja, presiones de las congéneres, demandas económicas o roles patriarcales opresores.

Pero la mayoría no puede elegir, porque necesita abastecerse económicamente. Otra gran parte no puede elegir porque vive en una familia de la cual los roles tradicionales patriarcales NO son negociables.

Sea como sea, no poder elegir genera culpa, arrepentimiento, ansiedad y eso crea una herida generacional colectiva. Todas deberíamos poder elegir desde la soberanía y desde la libertad, a la que tanto se alude en las constituciones. Pero esa libertad está sujeta y depende del sistema económico y de roles rancios y así, mujeres madres, la elección y la conciliación son solo ficción. Si te quedas, eres «vaga y mantenida», si te vas eres «*abandónica* y egoísta», si te quedas y te vas terminas internada. Criemos generaciones que entiendan y respeten la importancia de la crianza presente los primeros años de vida. No quiero ser una mamá pulpo, quiero ser mujer y madre sin morir en el intento.

Estar

Para la mamá que muchas veces se siente la mala de la película porque tiene que poner los límites que su pareja no pone porque se desentiende: te veo… «es que te prefiere a ti», me dice. ¡Claro! Si yo la sostengo, si paso tiempo con ella, si la acompaño, si la mimo, si la escucho, si le pregunto qué significan cada uno de sus dibujos. ¡Claro que me prefiere a mí!, porque construyo el vínculo y no soy solo una espectadora. Ojalá puedas invertir en el tuyo, porque yo no puedo ni quiero usurpar tu rol, porque si lo hago, luego algo no va a encajar, porque esta comodidad tuya es disfuncional. Invierte en el vínculo, sé parte de su vida desde la acción y no desde la observación y, mucho menos, desde la crítica.

5 RESPETAR LOS TIEMPO DE LA INFANCIA

Lo que necesita una criatura

«Mi bebé quiere estar encima mío todo el tiempo, yo creo que si hubiera posibilidad se volvería a meter en mi panza», me dijo una amiga. Y claro, durante cuarenta semanas ese fue su lugar seguro en el mundo, cómodo, cálido, lleno de amor. Es tan potente el sentimiento de seguridad en el vientre materno que aún de adultos cuando estamos tristes o necesitamos afecto solemos acostarnos en posición fetal. Tan potente es, que ante un peligro inminente de muerte es esa la posición que buscamos. Se han encontrado bajo escombros personas fallecidas en posición fetal.

A veces es agotador tener una «minisombra», a veces provoca ansiedad y también hartazgo, sobre todo en picos de crecimiento... pero si tenemos presente constantemente que el fin de la búsqueda incesante es el afecto y la contención, será mucho más liviano el maternar niños pequeños.

¿Cómo se porta tu bebé?

Mi bebé no se porta ni bien ni mal: se porta como un bebé . No llora para portarse mal, llora porque es la única forma que tiene de comunicarse. Llora cuando quiere teta, brazos o algo le asusta. Llora cuando está dolorido, se siente incómodo o hay demasiados estímulos y gente alrededor. Sí, llora mucho y se porta como un bebé, una criatura diminuta que acaba de llegar a este mundo loco hace apenas unos meses. Llora, pero también observa, se ríe, hace muecas y estira sus bracitos. Si llorar es «portarse mal», entonces sí, mi bebé se porta «muy mal».

Dejemos que los bebés sean bebés

En este mundo tan acelerado, tan competitivo, tan paradójicamente salvaje, no nos damos cuenta, pero, en ocasiones, cargamos a nuestros hijos desde pequeños con presiones sin sentido hacia ellos y hacia nosotros mismos. Creemos que si camina antes o habla antes o si lo metemos en clases de «estimulación temprana» será superdotado y exitoso y, por qué no, al compararlo con los hijos de nuestras amigas llevará la delantera, nuestro hijo será «el mejor». Los presionamos a caminar, los presionamos para hablar, los presionamos para comer sólidos olvidándonos que ellos son solo bebés. No podemos esperar, no sabemos esperar. Y como si esto fuera poco, hasta he escuchado a mamás y papás regañando a sus criaturitas si pronuncian una palabra rara o tambalean al caminar, el colmo. Y pasa tan rápido el tiempo, en un parpadeo ya están formando frases, saltando y corriendo, respondiendo con ideas fuera de este mundo. Pero en su subconsciente quedan grabadas todas estas presiones y exigencias que podrían traducirse en cierto resentimiento para con sus figuras de apego o quizás inseguridades o falta de confianza en sí mismos. Esa necesidad de todo rápido, todo antes, todo ya, nos hace dejar de disfrutar el proceso, porque solo nos concentramos en el resultado. Hay márgenes establecidos por los pediatras para el desarrollo de habilidades motoras, neurológicas y conductuales y si tu hijo queda fuera del margen quizás ahí debieras preocuparte un poco y consultar pero aun así, son aproximaciones. Dejemos que los niños sean niños y por Dios, dejemos que los bebés sean bebés. Regalémosles a nuestros hijos tiempo, paciencia, respeto a sus ritmos de desarrollo y no nos olvidemos de disfrutar en el camino: atesora con cariño en tu memoria esas palabras «rara» o únicas de tus críos, te juro que dejaran de pronunciarlas y luego las extrañarás, te aseguro también que tarde o temprano aprenderán a decirla de manera «correcta».

He dado miles de consejos en estos años, he dado muchas sugerencias, he escuchado hacer catarsis a muchas madres, pero no hay mejor consejo que pueda darle a una nueva mamá que este: «sigue tu instinto, que ese nunca falla».

Me sorprende

En este tiempo de asesoría en crianza es muy común que me pregunten cómo pueden hacer para que el bebé duerma solo, para que no se despierte a pedir teta a cada rato, para que duerma de corrido, para que no busque continuamente ser cargado, para que duerma siesta, para que no llore tanto y me piden estrategias «respetuosas» para revertir estos comportamientos. Las mamás tienen dudas de que sus hijos tengan algún problema, que haya algo malo o diferente en ellos porque no pueden entender tanta demanda, no pueden entender por qué el hijo de la vecina duerme ocho horas de corrido en su cuna y el de ellos no. Me llama poderosamente la atención cómo en el inconsciente colectivo se considera normal a un crío de dos meses que duerme solo en un cuarto oscuro. Me llama la atención cómo se considera normal dejar llorando a un bebé absolutamente indefenso hasta que se duerma para que a las mamás y los papás no les sea tan pesada la crianza. Me sorprende ver cómo se piensa que pedir brazos y ser cargado sea un signo de dependencia anormal cuando es en realidad una señal de sana y normal dependencia, saludable para cualquier mamífero que no sobreviviría si sus padres no lo protegieran. Parte de la sensación de protección es la contención y cercanía física. Me sorprende profundamente cómo en la historia de la humanidad se van callando nuestras respuestas instintivas. Nos sedan, nos extirpan la intuición materna, nos llenan de culpas y de dudas.

Ojalá todas llegásemos a la maternidad comprendiendo cuál es el verdadero comportamiento normal de una cría recién nacida. Ojalá todas llegáramos a la maternidad habiendo leído algo sobre exterogestación. Ojalá todas llegáramos a la maternidad y lográsemos que nuestro instinto se sobreponga a los mandatos sociales. Ojalá el mundo fuera menos adultocéntrico. Ojalá todas llegásemos a la maternidad sabiendo que la lactancia puede ser complicada, pero es posible, que lo bebés no duermen de corrido a los dos meses, que a las criaturas no les gusta dormirse solitas, que si toma teta probablemente rechace un biberón, que los bebés no tienen que tomar teta 3 horas de cada lado 10 minutos, si no lo que ellos quieran y cuando ellos quieran, que la lactancia no es solo alimento, que los bebés que se duermen llorando lo hacen porque sus niveles de *cortisol* elevados los han dopado y no porque «se acostumbran».

Incoherencia

Hay dos necesidades básicas que deben ser cubiertas cuando un niño nace y para las cuales llega preparado a este mundo para sobrevivir: una es el llanto para que su madre y su padre lo protejan del peligro y otras es el reflejo de succión para que mamá lo alimente... Y yo me pregunto una y otra vez: «¿por qué esta sociedad trata a cómo dé lugar de ir en contra de la sabiduría milenaria de la naturaleza?» Hemos cambiado el orden natural, queremos tener hijos pero queremos seguir nuestra vida de antes, no queremos postergar nada, no queremos que nos alteren nuestras rutinas ni nuestras prioridades básicas. Queremos que el niño duerma solo en la cunita, se alimente solo con el biberón, que deje el pañal rápido para poder meterlo en una escuelita, que camine aún más rápido, que no llore, no «moleste», que aprenda a hablar claro porque nos frustra no entender lo que nos pide, queremos que sea «independiente». Al mismo tiempo queremos que sea emocionalmente inteligente, que no nos guarde rencor y que tenga bien desarrollada su autoestima. ¿No nos damos cuenta del nivel de incoherencia?, ¿tan ciegos estamos?.

No son accesorios

«Ah, tienes un hijo. ¿Van a buscar la hermanita?». Los hijos no son accesorios, no son zapatos, no puedes elegir talla y color. No son muñecos que compras hasta completar la colección a tu gusto: son seres humanos. Con cada uno de mis hijos y desde el embarazo hago un compromiso de cuidado y amor eterno y para ello no necesito saber su sexo, color de ojos o la forma de su cara: nada de esto hará que los ame menos. No voy a mentir y decir que no me gustaría criar también una niña, pero tampoco me quita el sueño y eso NO implica que no esté 100% contenta si termino teniendo dos hijos varones. Preguntarme si voy a buscar «la princesita» da a entender que si tengo otro niño mis hijos no serán suficiente o que mi familia no estará completa: pues mi familia es maravillosa tal y como es y seremos felices teniendo otro niño o una niña. Y si decidimos no tener más hijos también seremos una familia feliz y plena como hasta ahora. Los hijos «son» y eso es más que suficiente.

Mamá, papá: no los apuren

Cómo cuesta disfrutar el presente cuando vivimos con una mentalidad futurista.

Y qué difícil entonces se hace decirle a los propios hijos que no se apuren en querer crecer si continuamente nos ven apurados y apurándolos en todo: los apuramos para cambiarse, para entrar en la ducha, para ir a al colegio porque llegamos tarde. Los apuramos para que terminen de comer porque necesitamos limpiar, para irnos a la cama porque ya queremos un rato de tranquilidad. Los apuramos demasiado, siempre pensando en esa próxima actividad, siempre pensando en el futuro y mientras tanto ellos crecen a las apuradas y nosotros ni cuenta nos damos.

Recién dimensionamos lo mucho que han crecido

y caemos de golpe a la realidad cuando de de pronto el pantalón les queda corto, o nos encontramos una foto de hace unos meses y observamos que están muy cambiados. Entonces nos quedamos atónitas porque no podemos creer cuánta diferencia pueden hacer un par de centímetros. Nos quedamos perplejas porque de golpe y porrazo ya no tenemos un bebé sino a una «niña pequeña» Y eso pasa porque al verlos diariamente dejamos de concentrarnos en los detalles y es en cierta forma normal si vivimos una vida muy acelerada.

Por eso en casa tengo esta nueva rutina de sentarnos en el sillón antes de ir a dormir y mirarlos con atención plena, observar cada uno de sus deditos, sus naricitas, hacer un escáner consciente de sus minicuerpecitos y sus brazos regordetes. Mirarlos a los ojos. Y, por supuesto, tratar de no apurarlos. Uno de los consejos más importantes que alguna vez me dieron fue que mirara y abrazara mucho a mis hijos, porque la plancha puede esperar, los 'pendientes' del trabajo pueden esperar, nuestro jefe puede esperar, los platos pueden esperar, pero el tiempo, ese no espera, solo pasa y si no nos enfocamos en el ahora pasa mucho más rápido de lo que desearíamos. La niñez es solo una década y un cachito más, vívela con plena consciencia.

La tortuga de pinchos

Hace casi un año mi hijo empezaba a dibujar bastante seguido. Solo hacía rayas y manchas o círculos deformados y decía «esto es una nave espacial, esto es un dinosaurio tira rayos», yo lo observaba. En ese momento podría haberle dicho «el cielo no es verde, es azul» o «no existen los osos con cabeza de águila». Podría haberle enseñado cómo se dibujaba la típica casita, pero no lo hice, me aguanté, lo dejé explorar, investigar. Lo que sí hice fue prestarle atención cuando me enseñaba un dibujo, pedirle que me lo explicara, ponerles juntos un título, sacarles fotos y también facilitarle material para dibujar. Un año después me sale con «la tortuga con pinchos» ¿y que veo yo? , veo que ha podido comprender y dominar su mano para lograr las líneas que conforman una tortuga, pero a su vez veo que SU IMAGINACIÓN SIGUE INTACTA y me hace muy feliz. Regalémosle a nuestros hijos TIEMPO, tiempo para madurar y desarrollarse sin prisas y sin comparaciones y no matemos su creatividad, el mundo necesita innovadores y creativos.

Los días son cortos, los años son largos

Nos agobiamos y preocupamos porque los preescolares gritan, los bebés lloran y los adolescente se quejan, pero esa es la forma en la que ellos se comunican. Una casa en caos, es una casa normal. Lo que debería preocuparnos son los niños con miedo a sus padres, los niños que no hablan, los adolescentes que ya no regresan a su hogar y los padres que resuelven conflictos desde el miedo y la imposición. Los hijos no nos vuelven locos, nosotros ya estábamos locos antes de tenerlos y es nuestra obligación resolver nuestros asuntos pendientes para no proyectarlos en ellos.

Los hijos no vienen a llenar vacíos

Los hijos no vienen a llenar vacíos. Tu hijo no va a reemplazar el amor de un padre ausente, ni curará el dolor del marido que fue infiel, o el daño producido por tus compañeros de clase que se burlaron de ti durante toda tu adolescencia.

Un hijo no es un trofeo ni nuestra segunda oportunidad de nada que no tenga que ver con nuestra evolución emocional. Es un ser independiente y no una pertenencia.

Tener un hijo no es como comprar una cartera: no se devuelven ni se cambian por otro modelo. Tener hijos es una responsabilidad enorme. Traer un bebé al mundo es una decisión que debiera ser meditada, libre de egoísmos o apegos patológicos. Por eso respeto muchísimo a las personas que deciden no tener hijos si no están absolutamente convencidas.

Los hijos no llegan para cubrir vacíos, sino para confrontarnos con la imperiosa necesidad de sanar nuestras heridas emocionales para no perpetuar ciclos en ellos. Estas heridas no desaparecen al parir, cicatrizan poco a poco con terapia, autoconocimiento, oración, meditación y amor.

Ellos crecerán y se irán para hacer sus vidas y ahí quedarás tú, con las mismas carencias emocionales que tu hijo tal vez anestesió, pero que no pudo ni podrá llenar jamás y que muchas veces se transformarán en cargas pesadísimas.

Curar es perdonar, agradecer, pedir perdón y soltar. Sanar nuestras heridas emocionales, empezando con las que tenemos con nuestros padres, es el primer peldaño de una paternidad respetuosa.

Pero cicatrizar no significa que la herida se desvanece, sino que esa misma cicatriz quedará como el recuerdo de lo que no queremos hacerle a nuestros hijos e hijas.

La crianza cíclica

Así como la luna tiene sus fases, y la naturaleza las estaciones, así como la mujer fluye por su ciclo menstrual: la crianza también es cíclica. Y no solo por el hecho de que al envejecer muchas veces los hijos terminan por asumir un rol de cuidador con sus propios padres, sino que al tener hijos también volvemos a *rematernarnos* de cierta manera. Volvemos a tomar contacto con la bebé que fuimos, la niña, la doncella, la hermana.

Mientras criamos, y como lo hace la luna, vamos atravesando fases de mucha luz, pero también de absoluta oscuridad. Sabiendo que cada una de ellas es necesaria, para que el ciclo siga, hay que pasar por todas.

Para que llegue la primavera tiene que haber habido invierno. Para que llegue la ovulación tiene que haber habido una regla. Para conectar desde la vulnerabilidad con el amor de los hijos tiene que haber habido amor primero.

Si la primavera llega antes, las flores no alcanzan su potencial. Cuando el verano es intenso, se producen incendios que arrasan. Cuando el ciclo menstrual está fuera de equilibrio, la concepción se complica. Cuando los ciclos del desarrollo no se respetan, los humanos crecemos alejados del equilibrio orgánico y natural, alejados de nuestro diseño original, desconectados de las figuras de apego.

La luna nueva no se apura a ser luna llena porque al hacerlo perdería su función y su significado. Así es con la niñez, así es con la maternidad y así es con la crianza. Dejar fluir y tomar de cada fase un aprendizaje nos permitirá reproducir los ciclos positivos y erradicar los ciclos dañinos.

La maternidad y la crianza son también cíclicas, como la vida misma.

Coherencia
Nadie obliga a un recién nacido a caminar, ni

espera que un bebé de doce meses sepa el alfabeto. Nadie pretende que un crío de tres años recuerde de memoria un texto, o que un bebé de dos meses deje el pañal. Pero curiosamente, pretendemos que los preescolares regulen sus emociones como si fueran adultos, aun cuando a nosotros mismos nos cuesta tanto regularnos con décadas de ventaja. ¡Cuánto nos falta aprender sobre desarrollo infantil!... Esa es una de las grandes deudas que tenemos con la infancia.

Bien amado

Me dicen que lo tengo muy mimado.

Me dicen que lo tengo malcriado.

Me hacen dudar de mi instinto.

Me hacen dudar de amarlo.

Y yo solo quiero tenerlo en mis brazos, protegerlo de todos los males.

Consolar su llanto, celebrar sus logros.

Hoy entendí que no tengo a mi hijo «malcriado», lo tengo «bien amado». Entendí que no hay un límite numérico para los mimos y la cercanía con mi bebé, pero sí hay límites para la ignorancia, la crítica, el juicio y los consejos no pedidos.

No dejes que los demás decidan por ti, no dejes que te alejen de tu instinto ni que callen tu intuición.

No les permitas hacerte dudar de que el amor y la paciencia son errores de primeriza.

Bien amar nunca es malcriar, la evasión emocional es lo que lastima. Una criatura que no se siente vista termina por comportarse como si fuera invisible. Las necesidades por excelencia de vuestro peque son amor, protección y seguridad. ¿Cómo las cubren?, ¿apartándose y dejándolo solo llorando a mares o conteniendo y acompañando?

La puerta abierta

«Cuando mis hijos eran pequeños, por la noche la puerta de mi habitación siempre estaba abierta para que entraran», me dijo una amiga.

Qué importante es dejar esa puerta abierta. Dejarla abierta no solo significa la disponibilidad física, sino también simboliza la disponibilidad emocional y eso da mucha seguridad. Dejar la puerta abierta quiere decir «aquí estoy si me necesitas».

Muchas madres y muchos padres me han contado el miedo (a veces terror de ni siquiera poder moverse de la cama) que sentían por la noche cuando eran criaturas y la imposibilidad de acceder a sus figuras de apego «tienes que ser valiente», «ya eres grande para tener miedo», «prende la lamparita y listo».

Cuando somos pequeños y tenemos que enfrentar solos el temor a la oscuridad o a las pesadillas, para muchos puede generar un microtrauma que se arrastra hasta la adultez.

No es normal dormir solos, si nuestros ancestros dejaban dormir solos a sus hijos se los comía un animal salvaje.

Lo que es normal es que las criaturas tengan miedo (ansiedad), sobre todo después de una pesadilla. Incluso es normal que de adultos sintamos miedo.

Deja la puerta abierta de noche, deja tu corazón abierto, la infancia es un suspiro. La puerta abierta, el oído atento, la lucecita encendida y los brazos siempre abiertos para ellos.

De golpe y porrazo

Y de golpe mi casa se quedó en silencio, no por mucho tiempo, pero en silencio. Aquellos niños que gritaban, trepaban, lloraban, estaban sentados, sigilosos, cada uno en su juego. Y la paz del silencio regresó a mi hogar (por un instante) y con ella el adiós a la primera infancia.

Y de golpe y porrazo los juegos cambian, las palabras torcidas se enderezan y el llanto y la frustración se regulan solo con palabras y abrazos.

De golpe y porrazo ya pueden dormir con papá si yo no estoy disponible.

De golpe y porrazo los brazos de la abuela consuelan casi como los de mamá.

De golpe y porrazo ellos te toman fotos a ti, torcidas pero fantásticas.

De golpe y porrazo ya no tienen que explicarte los dibujos porque son evidentes.

De golpe y porrazo y sin anestesia se va la primera infancia susurrando «gracias».

Y de repente verás plasmado en su actitud todo ese tiempo invertido en criar con presencia, en su forma de socializar, plantear ideas, ser flexibles.

Y de repente verás que son dueños de su cuerpo, que no necesitan ceder e ir en contra de sus valores y que saben poner límites con mucha diplomacia.

Y de repente te contarán sus pesares, sus miedos, sus alegrías con esa confianza que tanto trabajaste (y sanaste). Y te darás una palmada en la espalda y empezarás a desarmar el nido. Y te darás cuenta, que aquellos bebés que hace unos años gateaban ahora tienen alas.

Mea culpa

Honestamente, era crónica de una muerte anunciada. Ella había estado bastante sensible durante la tarde, se notaba que estaba cansada. Había llorado con mucha intensidad un par de veces por cositas muy pequeñas: la conozco, sé que estaba cansada, un poco enferma, quizás no estaba en su centro. Íbamos a ir a la playa a las cuatro porque mi hijo mayor me lo venía pidiendo desde hace días y como él es que tiene que ceder más no quería truncar su salida. Y cuando estábamos listos me di cuenta que no tenía la llave del coche, mi marido se la había llevado por error, por lo que tuvimos que esperar a que regresara y salimos una hora y media más tarde. Yo sabía que era un movimiento arriesgado por mi parte, pero fuimos igual. La cuestión es que llegamos a la playa y como ya era tarde entramos en un restaurante a saludar a sus abuelos que están de visita, pero a los cinco minutos de llegar, mi hija se enojó muchísimo, por algo que su hermano le dijo y pegó, no un grito: dos gritos que les juro parecían salidos de una película de terror. Todos los comensales se taparon las orejas y la miraron como si estuviera loca, sus pobres abuelos no sabían dónde meterse y yo por un momento sentí que la escena se congeló y teníamos todas las miradas encima. No podía dejarla allí en el restaurante, gritando y desbordada, así que con toda la paciencia y la calma la cargué y mientras intentaba morderme y pegaba patadas, la llevé afuera y le explicaba que entendía que estaba enojada, pero que así no podíamos estar adentro y que no iba a dejar que me lastimase. Y no tengo foto del suceso porque nadie me la tomó, como seguramente tampoco a ti te la tomaron las mil veces que gestionamos berrinche, pero que no haya foto no significa que no haya existido. Y luego vino la gestión emocional del desborde, ella pataleando queriendo soltarse, yo agarrándola, tratando de calmarla, meciéndola como cuando era bebé y su cuerpo iba cediendo. Y luego de un rato se calmó, pero ya no entramos al restaurante, era evidente que ella necesitaba estar fuera, había demasiados estímulos dentro. Así que me tomé mi café, sentada en la playa. Luego dijo un par de incoherencias (eso me da la pauta de que está muy cansada), su abuela salió, la abrazó, lloró un poco más y se puso a andar en su patinete.¿Puedo echarle la culpa a ella por no aguantar? ¿Debo entonces renunciar a todas las salidas y forzar a su hermano a que ceda siempre porque se nos corre el tiempo? No. A veces está bien «arriesgar» y ver qué pasa. Los niños nos sorprenden y de eso no queda la menor duda, pero debemos hacerlo sabiendo que posiblemente no salga bien y estar atentos a no culpar a los peques por ser peques. Mi hija tiene casi seis años y sus pataletas son casi historia del pasado, pero sigue siendo una criatura y a veces, como yo, explota.

Sostenerla, contenerla

Anoche me tocó sostenerla emocionalmente por veinte minutos. Gritos, llanto y chantaje. La necesidad de fondo: MUCHO cansancio y frustración canalizada como el deseo imperante de quedarse en el parque hasta la noche por más validación, anticipación y «negociación» previa.

¡Cómo me dolió sostener, cómo me dolió escuchar los gritos que en algún punto fueron literal en mi oído!, porque mi hija sabe que me activan. Y aunque algunos puedan creer que quería lastimarme, lo que en realidad intentaba era conseguir satisfacer su necesidad, solo que de la manera equivocada porque es una criatura. En un momento noté como le estaba costando muchísimo regularse y me mordió fuerte. Y ahí estaba yo, respirando y no dejando que la ira responda con agresión a la agresión... cuesta.

¡Cómo me dolió sostener!, sin tensar la mandíbula, sin subir los hombros, repitiéndome internamente una y otra vez: «está cansada, está cansada, no durmió

durmió siesta, está desbordada». Hasta que después de vaciar su cuerpo de todo ese caudal emocional, me dijo con su voz entrecortada y con sus ojos rojos e hinchados: «perdón mamá... abrazo». La abracé (nos abracé) y se calmó. Se durmió pegada a mí como un koala.

Y hago está catarsis porque aunque mi hija ya dejo de ser una bebé, su cerebro que en teoría ya dio «el gran salto», por supuesto que aún sigue en desarrollo y las explosiones emocionales no desaparecen súbitamente el día que cumplen cuatro años, se van gradual y paulatinamente cediendo en intensidad y duración con el pasar del tiempo. Y ahora, dormida, se ve tan tranquila, tan en paz. Tan lejos de la ira que sentía hace unos minutos. Estaba tan cansada pero se negaba a dormir. Sucede que cuando ya están en los cuatro, cinco o seis nos olvidamos que aún siguen siendo pequeños y que el cansancio los supera. Nos olvidamos porque los vemos grandes, hablan, dibujan, algunos empiezan a escribir sus primeras palabras, hacen muchas cosas solitos. Pero las fotos nos lo recuerdan: son criaturas, los adultos somos nosotros .

Hoy pude sostener-nos, dolió pero pude y me abrazo por ello. No me lo tomo a modo personal.

6 MIS HIJOS, MIS MAESTROS

Ojalá

Ojalá nuestros hijos nos recuerden por los abrazos y no por los gritos. Ojalá nos recuerden por los besos y no por las amenazas, por la presencia plena y no por la ausencia encubierta. Ojalá nuestras acciones sigan el cauce de nuestras palabras. Ojalá criemos una generación de seres humanos compasivos, que no midan a los demás por sus posesiones, su color o su etnia. Ojalá criemos una generación que no necesite gritar «ni una menos», ni tener que caminar con miedo a ser violada o masacrada. Ojalá criemos hijos que no necesiten llenar ausencias o traumas con alcohol o drogas, que no necesiten viajar lejos para encontrarse. Ojalá criemos hijos que quieran regresar a casa en lugar de contar los días para poder irse. Ojalá criemos seres humanos y no bestias.

El bebé que ya es niño grande

Y de golpe tienes dos años y mientras te observo escondida en un rincón de la sala puedo notar como por momentos sigues siendo mi bebé, pero por otros ya eres todo un «niño grande». Tu lado bebé sigue pidiéndome brazos todo el tiempo. Tu lado de bebé sigue tomando teta mientras juega con sus manitas a acariciarme el pelo. Tu lado bebé se me queda abrazado cual koala y terminas por dormirte encima de mi hombro, como en aquellas primeras semanas de vida. Tu versión de niño grande forma frases con sus precarias palabras, inventa canciones, corre, trepa, salta, dibuja objetos increíbles con rayas que solo él entiende, se viste solito, aunque eso implique meter la cabeza en alguna manga. Tu versión de niño grande conquista aventuras y logros cada día un escalón más alto, un poco más lejos, un poco más solito. Y así fluimos los dos en esta dualidad del pequeño que quiere ser grande pero que a la vez no quiere dejar de ser bebé. Te debates entre la independencia tan atractiva y el consuelo y cuidado único de los brazos de mamá. Por momentos gritas que no eres un bebé, mientras en otros deseas regresar al vientre y estás como perdido. Y es en estos momentos que caigo en la cuenta de lo fugaz que es la niñez, de lo rápido que todo cambia y de lo agradecida que estoy de poder tener el lujo de acompañarte cada día, con presencia plena, con amor incondicional. Y ahora es cuando también al fin entiendo que los hijos en una parte del corazón siempre serán para sus madres esos bebés vulnerables que solo en nuestro regazo sienten esa paz única y extremadamente especial, que los protege del mundo y los aísla de todo mal.

Si fuéramos como los niños

Si los adultos en lugar de quejarnos tanto de los preescolares y los niños pequeños intentásemos ser un poco más como ellos: cada vez que nos dijeran que no a algo, nos las ingeniaríamos para conseguir un «sí». No nos daríamos nunca por vencidos. Pensaríamos que somos increíbles y únicos todos los días. No tendríamos temor de rechazar un beso o decir «no» ante pedidos que nos incomodan. Siempre priorizaríamos la diversión en nuestras vidas. Bailaríamos y correríamos cada vez que nos apeteciera. Viviríamos sin pensar en el mañana y amando intensamente.

Si volviéramos a ser niños seríamos nuevamente un lienzo en blanco, pequeñas mentes y almas puras e ingenuas. ¿Qué experiencias, emociones, relaciones y sensaciones queremos dejar a su alcance? ¿Qué colores queremos que tenga ese lienzo?

De bebé a niña

Hoy cumples tres años en este mundo y ya empiezo a vislumbrar algunos cambios. El estadio en el que pasarás de bebé a niña ha comenzado y trae consigo sentimientos encontrados: por un lado el orgullo y la felicidad de tomar consciencia de cómo has crecido, de escucharte empezar a armar frases y mantener conversaciones con otros, de observar cómo te animas a explorar cada vez más y por el otro, la nostalgia de dejar ir a mi bebita para darle paso a la niña.

Pero ¿sabes, hija?, exprimí contigo cada día, cada noche, siempre juntas. Por ahora, aún sigues siendo mi bebé: la servicial, la dulce, la tenaz, la impulsiva, defensora de sus espacios con uñas y dientes. La bebé que por momentos odia los vestidos y de repente los ama, que juega con autos y palos, pero también con muñecas y osos. La que le lleva la leche a su hermano con tanto orgullo. La que adora a su papá. La que quiere espacio e independencia, mas siempre busca abrazos y mimos. Una nena que brilla. Una científica, una exploradora, una actriz, una cantante, una alfarera, una pintora. Tienes muchos atributos que admiro y me encantan porque tu valentía y tu tenacidad me dan esa tranquilidad de que vas estar bien, de que no te van a doblegar. Una de tus primeras palabras fue «ook», que en holandés significa «yo también», dándote tu lugar solita, reclamando tu parte.

Deseo que tu voz sea escuchada, que a tu luz no la apague la injusticia. Deseo que tu espíritu sea libre de la mentira, del estatus y de los paradigmas de belleza huecos. Deseo que tus días se impregnen de aromas de campo, de abrazos y de sol. Deseo que puedas ser feliz en lo simple y en lo cotidiano. Deseo que seas sensible al dolor del otro pero que ese dolor sea impulso y no parálisis. Te deseo una vida larga llena de experiencias y de encuentros. Espero que te encuentres a ti misma, como sea, a la edad que sea y donde sea, pero que te encuentres.

Mi hijo, el malcriado

Se pueden tapar bocas sin hablar. Se pueden tapar bocas sin agredir. Se pueden tapar bocas sin darle protagonismo al ego. Mi hijo, el «embracilado», el «malcriado», el «diablillo», el que «no iba a tener amigos porque no sabía compartir», el «llorón», el «mal portado», el que «vive pegado a la teta», el que no fue a la guardería y así «no aprenderá a socializar», el que estaba en el rebozo el día entero y de esta forma «nunca iba a aprender a caminar». Mi hijo, hoy con cuatro años y medio, es amoroso, sociable, compasivo, independiente, comparte, espera su turno, habla con adultos y con niños que no conoce. Mi hijo el «embracilado» resuelve sus conflictos con fases como «tus palabras me han lastimado» o «mis juguetes me pertenecen, no tienes derecho a quitármelos con fuerza». Mi niño es alegre, feliz y hasta místico.

Como padres fuimos a contracorriente, nadamos en dulce de leche, escuchamos tantas críticas, tantos adjetivos, tantos consejos no pedidos y que por momentos me llenaron de dudas. Pero persistí aun caminando a ciegas, porque mi guía era nada menos que mi instinto ancestral.

Y hoy nadie me dice nada, nadie me dice: «te lo dije». NADIE.

Se pueden tapar bocas sin hablar. No dejes que los opinólogos te hagan dudar de que el respeto, la tolerancia o el amor incondicional pueden generar inadaptados sociales, porque hasta la fecha no he conocido ni a uno solo que provenga de una familia que los ha respetado y educado con amor incondicional.

En clan

Mis hijos se duermen cada noche abrazados a mí o tomando mi mano. Luego los dejo dormidos para seguir con mis actividades, pero atesoro ese momento con mucha gratitud. Nunca dimensioné la belleza y el amor que desprende este gesto de dormirlos así, nunca lo pensé antes de ser mamá. Años atrás creía que los dejabas en su cama les dabas un beso y te ibas, como en la tele, hoy lo vivo y lo siento tan diferente…

La paz, la seguridad y la confianza con la que ellos entran en su sueño es increíble y yo recargo baterías para terminar el día. Mi cama será su cama siempre, dormirnos en clan, es una bendición. Abrazo a mis hijos cada noche para que se duerman: no porque son malcriados, no porque me lo exigen, no porque me manipulen, sino porque confían en mí y soy su lugar seguro.

La magia en lo cotidiano

Una noche en la que supuestamente mis hijos ya estaban dormidos hacía un rato, noté que en realidad estaban despiertos. Me acerqué a la habitación de puntillas para saber qué estaban tramando y cuando logré ver algo entre la puerta los vi abrazados cantando casi en susurro y en *spanglish* la canción de la película «*Frozen*». Y me quedé escuchándolos hasta que pasados unos diez minutos se callaron y se quedaron dormidos, mientras yo le agradecía a la vida ese momento. La magia de las pequeñas grandes cosas de lo cotidiano que a veces parecemos ignorar, esos momentos únicos e irrepetibles en los que, como bien dijo Peteco Carabajal, «lo cotidiano se vuelve mágico».

Pequeños momentos

No hay nada en este mundo que se pueda comparar con aquellos pequeños momentos de amor desbordante que experimentamos con nuestros hijos: como cuando mi beba de dos años de la nada me da un abrazo y un beso mientras se ríe, o cuando mi hijo de cuatro años le enseña a su hermana a hacer burbujas con tanto amor y paciencia, o cuando los dos dejan lo que están haciendo y corren hacia la puerta en el momento en que oyen las llaves de su papá en la cerradura. Y aunque muchas veces nos enfocamos en todas aquellas sombras que nos trae la maternidad, debemos tener siempre presente que no hay oscuridad que pueda opacar la luz de las pequeñas cosas que nos llenan de felicidad de nuestros hijos, sus pequeños grandes logros. La luz del lazo madre-hijo encandila cualquier sombra.

Ser tu mamá no es fácil

Ser tu mamá no ha sido fácil. No es fácil contener la risa ante tus elocuentes explicaciones cuando tratas de justificar alguna de tus travesuras. No es fácil contener las lágrimas cuando le dices a tu hermana que es una bebé hermosa y buena mientras le acaricias la cara. No es fácil salir detrás de ti cuando te dan esos impulsos y te me disparas entre la multitud.

No es fácil tratar de explicarle a la gente cómo hablas en tres idiomas si nunca fuiste al colegio. No fue para nada fácil convencerme de que hice bien al seguir mi instinto e ignorar el juicio de los demás respecto a tu crianza.

No es nada fácil convencerte de ir en contra de tus planes cuando los defiendes a capa y espada cuál fiscal sacado de una película de *Hollywood* (y que bueno que así sea).

No, no es fácil ponerte límites porque tu espíritu es fuego vivo, fuego que se esparce, que se contagia, que baila al ritmo de la libertad y la imaginación de una niñez plena.

No, Máx, ser tu mamá no es fácil, es un honor, un privilegio, una alegría y una locura.

Tú no llegaste a llenar mis cumplir mis sueños truncos, viniste a hacerme confrontar cara a cara con mis defectos, carencias y limitaciones. Viniste a ser mi gurú, viniste para sacudirme y que despertara. Fuiste 3,200 kilogramos de aprendizaje condensado en una mirada única.

«Ya soy mayor»

Y de un día para el otro te quitaste solita el pañal gritando a los cuatro vientos que ya eras una «niña mayor». Y en mí se conjugan diferentes emociones y pensamientos:

ORGULLO de que hayas logrado esta hazaña guiada por tus motivaciones internas de «pertenecer» al grupo de los «niños grandes». NOSTALGIA porque el pañal era lo único que de alguna manera te mantenía en mi mente como una «bebé». GRATITUD por haberte podido acompañar en todo este proceso y porque en tu escuelita libre respetan tus tiempos y te acompañaron también. ALEGRÍA al observarte tan segura y orgullosa de ti misma. TOMA DE CONCIENCIA de que ya estamos comenzando una nueva etapa y terminando paulatinamente el estadio de rabietas (estallidos emocionales).

Y por último: PAZ MENTAL y TAPADA DE BOCA MASIVA para aquellos que cada vez que te veían solo te decían «¿sigues usando pañal y estás por cumplir cuatro años? Estás muy grande hay que dejarlo» y tu ni los pescabas, no te importaba, no te afectaban, no te movían ni un pelo.

¿Mi vida hubiera cambiado mucho si te hubiera «quitado» los pañales hace dos años?, no creo. ¿La tuya hubiera cambiado?, probablemente. Respetar el proceso de control de esfínteres no solo significa dejar que la criatura deje los pañales cuando esté fisiológicamente lista, también implica que deje los pañales cuando esté psicológica y emocionalmente preparada porque en este «dejar» además se dejan temores, inseguridades, se deja ir a su parte de bebé también y todo esto, hija, lo aprendí contigo. Gracias, maestra.

Mi hijo, mi guía

Una vez a mi hijo le pidieron que rellenara un formulario sobre sus padres: nombre, edad, profesión y el tipo de trabajo que hacíamos. Cuando llenaba mi ficha me preguntó algunas cosas, pero otras las completó solito. Unos días después leí las fichas. En la de su papá, en el apartado de «trabajo» había puesto «trabaja todos los días en una oficina muchas horas». En mi ficha, el apartado «trabajo» puso «no trabaja». Yo no podía creerlo: «¿no trabaja?», tenía un huerto orgánico que atendía todas las mañanas, era la codirectora de una asociación de emprendedoras, lo llevaba y traía a diario de la escuela y de casa de sus amigos, me ocupaba de la casa, cocinaba, vendía algunas piezas de arte, llevaba consultas en línea. Debo admitir que leer la ficha me hizo sentir un poco (o bastante) triste y empecé a hacerme preguntas existenciales, me sentí un poco inservible, vacía. Entonces decidí preguntarle directamente a mi hijo por qué había escrito «nada»:

—¿Por qué pusiste que yo no trabajo, amor?. Quizás no tengo un trabajo como el de papá, pero hago muchas cosas. ¿Te parece que no hago nada?
Él me respondió:
—Pero, mamá, si tú no trabajas, ¡tú disfrutas!

Y como siempre, mi gran maestro, me dio una lección invaluable y ese día aprendí muchas cosas: primero, a preguntar siempre y no asumir nunca. Segundo, que él tenía razón: yo no trabajaba ni quería hacerlo, porque la raíz de la palabra trabajo viene de la palabra «tortura» y yo quiero disfrutar la vida haciendo lo que me gusta. Tercero, mi hijo me percibía como una persona feliz y disfrutona y eso me llenaba de orgullo.

Nota: Esta historia fue inspirada en una charla de café que mantuve con mi amiga Bárbara Placenave.

El valor de una promesa

«A la tarde regresamos», «mañana te lo compro», «el fin de semana paso a por ti»,

¿Cuál es el valor de la promesa? ¿Cuál es el valor del compromiso?... Y luego crecemos y nuestra vida se llena de relaciones con fecha de caducidad, miedo al compromiso, excusas y mentiras, evasión de la realidad. Prometemos para sacarnos un problema de encima, prometemos para no tener que dar explicaciones, porque estamos cansados, porque a los niños le cuesta mucho recibir negativas. Armémonos de coraje y digamos la verdad, no le quitemos el valor a la promesa, ya que forma parte de cómo ayudar a los hijos a gestionar la frustración, pero también es una manera de forjar la confianza entre ellos y nosotros, porque sin confianza, ¿qué relación podemos llevar a buen puerto? No prometamos lo que no vamos o (al menos no intentaremos) cumplir, no solo con ellos, sino en toda nueva relación.

El nido vacío

Quizás en un par de décadas mis hijos olviden que los he amamantado por años y hasta el sabor de la teta que tanto amaron. Tal vez no recuerden las miles de veces que los cargué cuando estaban cansados y cómo sufría y tomaba sus manos muy fuerte con cada vacuna. Puede que con el paso del tiempo ya no recuerden que corría a consolarlos en cada una de sus pesadillas, que me quedaba por horas acostada a su lado mientras dormían o que en sus primeros años solamente a mí me querían, pues tanto me necesitaban que hasta al baño me seguían.

Pero lo que nunca olvidarán, fruto del tiempo de calidad compartido, será esa sublime sensación de seguridad, de confianza, de sentirse amado aun sin recordar a la perfección momentos puntuales. Y de esta forma, el rol de madre que soñé cumplir, florecerá y dará sus frutos cuando decidan comenzar su camino fuera del nido. Yo, por mi parte, siempre recordaré la pequeñez de sus manos, los besos melosos y los abrazos apretados. Esos recuerdos vivirán conmigo por siempre. El nido no estará vacío, porque el nido de la crianza reside en mi corazón y allí ellos tendrán su espacio por y para siempre.

Criar es un arte, no un verbo

La crianza es un arte, no un verbo. Criar requiere poner sobre la mesa todas nuestras habilidades y virtudes, pero además implica dominar nuestros defectos. La crianza más que un verbo es un arte que se aprende y también se improvisa, que despierta la creatividad y por más que la planifiquemos es imposible encontrar una fórmula mágica. Tal vez por eso no ha de sorprender que criar y crear compartan etimología (latín *creare*: «engendrar, producir»). Porque al criar estamos siendo parte activa del surgir de un nuevo ser humano, y cada cosa que aportemos u omitamos influenciará en esta obra maestra única e inigualable: nuestro hijo, nuestra hija. Criar es crear una nueva relación, una nueva versión de una misma, un camino. Criar es crear familia, lazos, soluciones. Criar es crear relaciones de amor incondicional.

La verdadera empatía

Empatía no es ponerse en los zapatos de otro,

porque a veces esos zapatos no nos entran. Empatía es conectar con el otro y su emoción desde su lugar, su posición, su historia, su nivel de desarrollo. Es validar y acompañar la emoción ajena, aunque el zapato nos vaya pequeño.

La hora sagrada

Cada noche acuesto a mis hijos. Hemos tenido que unir las dos camas porque ambos quieren que me duerma a su lado. Entonces me coloco en el medio y mientras el mayor me toma del brazo, la menor se duerme agarrando la teta. Para nosotros es un rito familiar, un momento con sus etapas y procesos que no fueron impuestos, sino que han ido fluyendo. Sé que nuestro ritual de ir a la cama es bastante largo y no coincide mucho con los apuros adultos, pero amo estos momentos. Acostados los tres juntos mis hijos se duermen con una paz indescriptible. ¿Podría darles más seguridad en su dormir?, no creo.

Durante la hora de ir a dormir suceden cosas mágicas. La cama y su ritual generan un espacio de intimidad, de seguridad, de tribu propicio para expresar aquello que en las prisas cotidianas queda pendiente. Siempre trato de preguntarles a mis críos cómo ha sido su día, cómo lo han pasado, a veces me cuentan, otras no tanto. A veces hablamos de lo que más les gustó hacer en el día, de cómo les va en la escuelita, también inventamos cuentos. Algunas noches fluye más rápido y otras no tanto. No falta el día en el que la menor del agotamiento llora un buen rato antes de lograr dormirse. Pero aun en las noches más difíciles, no cambio esa hora y media por nada.

La hora sagrada es nuestro espacio, nuestro momento, es atención plena, es clan, es tribu. Y sucede muy a menudo que en el silencio de la calma, en aquel momento justo antes de dormirse, comparten conmigo alguna inquietud, algún temor, alguna alegría, alguna reflexión de esas existenciales que solo los niños en su natural inocencia pueden expresar a la perfección. Estar juntos en la cama y en ese tiempo de serenidad, se gesta el espacio idóneo para compartir pensamientos preconscientes.

Anoche, por ejemplo, mi hija, de la nada, comenzó a cantar «yo no quiero estar con quienes me tratan mal, a mi me gusta estar con mi mamá» y aunque pueda parecer una canción inventada, sin mucho sentido, a mí me resonó profundamente. Su canción me da la pauta de que ella tiene muy claro que nadie puede maltratarla y que yo soy su lugar seguro y siempre lo seré mientras respire.

Creo que por toda esta magia de la hora sagrada, es que me cuesta tanto poder verme reflejada en las escenas de películas o comerciales en las que se muestra al padre o a la madre apagando la luz y diciendo: «buenas noches». Y es que desde que nació mi hijo mayor hace casi 7 años ellos se han dormido cada noche al lado mío o de su papá. Ni una sola noche de sus vidas se durmieron solos. ¿Con esto me creo superior o merecedora de un premio?, no. Yo solo quiero expresar que nuestra realidad una vez más se aleja de los estereotipos.

Mis hijos se duermen sabiendo que velamos su sueño y no sé en qué momento serán ellos los que pidan su espacio, por seguridad, en un acto de valentía o por intimidad. Solo sé que hasta que no me lo pidan, probablemente, seguiré aquí, a su lado, en el medio, con una mano en mi teta y la otra en mi brazo.

En la calma de la hora de dormir, los niños y las niñas comparten su mundo interno y es un privilegio y un aprendizaje sin límite el poder acompañarles.

Y llegará el día

Y un día los «no rotundos» se transformarán en «tengo una idea».

Y un día los llantos de media hora durarán cinco minutos.

Y un día los gritos mermarán y verás a tu peque hacer un esfuerzo potente por no desbordarse, controlando la rabia como un campeón.

Y podrás empezar a ver la luz al final del túnel y será brillante y será cálida.

Y un día tu hijo mayor replicará con su hermana o hermano la gestión respetuosa de sus pataletas, la misma que tú hiciste con él.

Y podrás al fin creerme cuando te decía: «Es una etapa: hoy no es para siempre».

Y todas las dudas y los miedos también mermarán en ti. Y pensarás: «ha valido la pena».

Y entonces, tus peques darán señales de una inteligencia emocional en desarrollo.

Y tú también habrás cambiado, evolucionado, mejorado, porque tu gestión te movilizó por dentro, te empujó a quitarte mochilas, prejuicios y mandatos, porque tus hijos te dieron el coraje para ser mejor persona, mejor ejemplo.

Los conflictos son parte de la vida: nos pueden ayudar a evolucionar o a traumarnos según como sean gestionados. No lo olvides. No te olvides.

No te olvides, que lo que fue caos hoy es fluidez, que cada etapa debe ser honrada, que la maternidad idealizada no es real, pero que el amor y la paciencia siempre serán la respuesta.

Grandes maestros, grandes espejos

Siempre digo que mis críos son mis grandes maestros y que los aprendizajes más significativos de mi vida los he obtenido a través de interactuar con ellos, tan solo siendo, tan solo estando. Y también, es cierto que, mucho de ese aprendizaje, tiene que ver con que mis hijos son mis espejos. Por un lado, puedo ver en ese reflejo todas las cualidades que siempre soñé en ellos y para las cuales trabajé mucho y «me trabajé» mucho. Ellos son el reflejo de mi amor, de mi empatía, de mi constancia, de mi humildad al pedir perdón, y de eso estoy muy orgullosa, aunque no me agradezco demasiado seguido. Por otra parte, en ellos se reflejan muchas de mis falencias, la imagen que me devuelven en muchas ocasiones tiene que ver con mis heridas, con mis limitaciones, con actitudes o rasgos que no quiero que ellos repitan de mí, pero que aún no puedo manejar y por eso me lo reflejan.

Y ese es el gran problema, aprender a gestionare cuando esos espejos te devuelven una imagen que no me gusta. Nos cuesta mucho asumir que ese reflejo no es ajeno, viene de nosotros mismos. Entonces, primero, muchos se enfocan en cambiar al espejo, lo mueven de lugar, lo llevan a un sitio con más luz, lo pintan, lo limpian, quizás de esa manera nos devuelva la imagen que anhelamos. Pero el espejo sigue fiel así mismo, reflejando algo de nosotros que no nos gusta o algo que nos faltó y que no sabemos dar. Entonces cubrimos el espejo, lo tapamos para no verlo, para no vernos. Lo ignoramos.

Pero cuando la manta que lo cubre se cae y nos vemos nuevamente en ese reflejo, a veces optamos por romperlo en mil pedazos, con nuestra violencia verbal, con nuestra desidia: «no vales nada», «eres insoportable», «nadie te va a querer», «agotas a todo el mundo», «así nunca tendrás amigos», «malo», «tonto», «vaga». Y toda esa verborragia de alcantarilla quiebra a nuestros hijos pedazo por pedazo.

Cuando el espejo te devuelve una imagen de ti que no te gusta lo único que puedes hacer es cambiar tú, no pretendas cambiar al espejo, no es ni tu responsabilidad ni tu derecho hacerlo, pero es mucho más fácil quebrar un espejo que trabajarse uno.

¿Cómo puedo evitar que reflejen algo que aún no controlo? ¿Cómo evitar que griten si aún grito? ¿Cómo pedirles que me presten atención si muchas veces yo no se la doy? Fíjate en la imagen que te devuelven tus hijos y trabaja en ti si quieres cambiarla en ellos. Porque solo cuando tú cambies cambiarás al espejo, porque la imagen que te devolverá será la imagen de la evolución.

Anoche la cargué

Anoche la cargué y me di cuenta de que sus piernas están mucho más largas que hace un par de meses. Me di cuenta de que en mi espalda pesaba más y que debía hacer más esfuerzo para sostenerla. Pero también me percaté de que el sentimiento de protección, unión y seguridad está intacto, más allá de la edad cronológica, más allá del peso. Esta niña crece tan rápido que no me da tiempo de despedirme de la bebé que ya no es.

Deseo con el corazón que mi hija siempre pueda encontrar en mis brazos la paz, la calma, la seguridad, hasta cuando sea más alta que yo, hasta cuando mis manos estén muy arrugadas, aunque deba abrazarla sentada o incluso acostada. Deseo ser siempre su lugar seguro.

Lo que ella no sabe es que cuando la cargo, ella también me nutre a mí, me recarga a mí, me acompaña a mí. Qué bello es poder ser y estar. Hay algo tan mágico en sentir la piel de tus hijos, como si fuera la extensión de la propia.

Mucho se habla de la angustia por separación del bebé, pero ¿y los padres? A nosotros también nos lleva tiempo poder soltar a esta cría, dejarla volar libre... Y claro que angustia, da miedo y toma tiempo.

Mientras crecen más confianza ganan en ellos mismos y cada vez es más fácil soltarles la mano, siendo conscientes de que si mientras exploran el mundo de repente el malestar los acongoja y giran su cabecita buscando los brazos de mamá o de papá, allí estaremos. Confía y aprovecha el día a día porque la infancia dura un suspiro y no hay segundas oportunidades.

La mochila

Muchas veces, y sin darnos cuenta, cargamos la mochila emocional de nuestros hijos porque queremos evitarles dolor y entonces llevamos nuestra propia mochila y la de nuestros críos, y vaya que todo pesa. El problema de hacer esto constantemente es que el dolor es parte de la vida. De la frustración y de los momentos difíciles se aprende muchísimo, por lo que debemos permitirles enojarse, frustrarse, cargar su mochila, porque inevitablemente se irá llenando con el pasar de los años. Cuando son muy pequeños, y como me dijo mi amiga Celia Martín, la mochila será más liviana, colocarán algún pequeño cuaderno, quizás un juguete o un palo, su almuerzo... Pero a medida que crecen los manuales serán más pesados, deberán llevar otros materiales, necesitan un almuerzo más grande. He aquí la metáfora: si no les permitimos coger su mochila mientras se va llenando y de golpe deben cargarla solos el peso será insostenible.

Todo eso se alinea, a mi entender, con la crianza consciente que no significa cargarle la mochila a mis hijos, sino hacer que esta sea menos pesada con el pasar de las generaciones, porque si bien el dolor es inherente al ser humano el sufrimiento es opcional y mucho peso de nuestra mochila adulta es sufrimiento mental evitable: asuntos pendientes, falta de toma de consciencia de nuestro mundo interno, escasa inteligencia emocional y continua rumiación.

Mis amados hijos cargarán sus mochilas, pero mediante mi trabajo en desarrollo personal y transpersonal trataré de que el peso sea más liviano y en eso se resume la crianza consciente: en estar atentos, presentes y aprovechar la maternidad y la paternidad como una oportunidad de crecimiento personal, familiar y de sanción transgeneracional.

De todos modos, eso no significa que nunca cargaremos su mochila. Habrá situaciones, momentos o etapas en las que necesitan una mano, en la que quizás pese tanto que la debamos cargar entre todos.

Habrá otros momentos en que ellos se ofrecerán a llevarnos la nuestra por un rato y también es válido, es parte de pertenecer, de ser familia. Cuando son muy pequeños es normal que se la llevemos nosotros porque para poder cargar su mochila emocional deben aprender a gestionarse y eso lleva tiempo. Es normal que seamos madres y padres quienes les protejamos del dolor cuando son muy chiquitos, pero es igual de importante recordar que debemos ir soltando la mochila, dejarlos que ellos la lleven y que decidan qué sostener y qué quitar. No es nuestra mochila, no nos pertenece, no nos corresponde, no les ayuda.

No sé si esto te sonará a chino mandarín o quizás resonemos.

Confía

¿Qué le diría a mi yo de hace cinco años criando un bebe de dieciocho meses que lloraba muchísimo, hacía miles de berrinches, no podía estar solo ni un rato, no aguantaba viajar en coche ni diez minutos, se despertaba cada hora y media y no se despegaba de mí ni un momento? Confía.

Tu hijo no pega, no agrede y nunca lo han agredido.

Tu hijo dice gracias y nunca lo has forzado.

Tu hijo dice «lo siento» porque muchas veces le pediste perdón.

Tu hijo cuida de los más pequeños, de su hermana, de los animales.

Tu hijo presta sus juguetes y le da monedas de sus ahorros al señor que pide en la puerta del supermercado.

Tu hijo te dice que te ama todos los días y te llena de abrazos.

Tu hijo es paciente, concilia y cuando le pides que te ayude o que ceda con algo, lo hace.

Y nunca le pegaste y nunca le castigaste, y nunca le amenazaste.

Confía, la crianza respetuosa es la respuesta a la pregunta. ¿Cómo puedo cambiar el mundo?

Y aunque quizás durante este camino escuches muchas veces: «Mi hijo también es un niño bueno y obediente y yo sí le he pegado», habrá dos ventajas que tú tendrás que ellos no tienen:

La certeza de que tu hijo cede, colabora y concilia porque te respeta, porque te quiere, porque nunca se sintió forzado ni avasallado y no por miedo a represalias.

La conciencia tranquila de que no caíste en el maltrato, de que no tuviste que hacer sentir peor a tu hijo para que se comportara «mejor».

Alma mater

Me pegaba, la abracé.

Me gritaba, le hablé en calma.

Estaba descontrolada, la cogí y la saqué del parque de bolas para buscar un sitio donde regular todo ese enfado. Y lo hice sin pegarle, sin gritarle, pero sí conteniéndola físicamente, porque era un huracán de emociones y al canalizarlas en lo físico podía lastimarme, lastimar a otros o lastimarse.

Puse el límite y lo sostuve. No le gustó. Pataleó, me quiso morder y le recordé que nunca la he lastimado y no dejaría que me lastimase ni ella ni nadie.

Insistió. Me aferré al límite, porque sé que ella necesita esa barrera psicológica, aunque fuese incómodo, aunque todos nos miraran mientras la llevaba, aunque mi cabeza fantaseaba que los espectadores dirían que era una mala madre y que mi hija era una «malcriada».

Seguí conteniendo, en calma sosteniendo el límite, que me dolía más a mí que a ella. Y cuando se dio cuenta de que no cedería, se derrumbó y del grito al llanto pasó de la agresión a la vulnerabilidad.

Y respiré y la abracé y la cargué y la calmé y me recordé a mí misma: «es solo una niña» y le acaricié la espalda y ella me la acarició a mí de la manera que le gusta que lo haga, como diciendo «mami, eso necesito». Y se calmó y me pidió perdón. Y su emoción se encontró con su razón, de mi mano, con mi guía, con mi ejemplo, ese que a veces no puedo ser. Y esa parte nadie la vio, y ese perdón nadie lo escuchó y esa calma post huracán nadie atestiguó, excepto yo.

Quizás, cuando me vieron llevarla en llamas y

luego regresar tranquila habrán pensado que le pegué o la amenacé, pero nada de eso pasó. Se puede gestionar sin maltratar, pero para hacerlo hay que trabajar las heridas, las emociones, los mandatos, los paradigmas y principalmente: el ego.

Y aunque nadie te vea y aunque tu cabeza te repita que eres una mala madre. Yo te veo, en lo colectivo de todas aquellas «alma mater» que decidimos cambiar el mundo a través de nuestros hijos.

Soltar

Este fin de semana fuimos a un camping en un bungaló que tenía una litera (cama cucheta) y mis dos críos querían dormir arriba, por lo que establecieron turnos. La primera noche le tocó a la peque (que aún duerme agarrando la teta) y se durmió tranquila, sin pedir teta ni nada, podía más su deseo de «ser grande», de dormir en la «cama alta» que su necesidad de mamá a su lado. Y aunque es fantástico que ella dé esos pasos de independencia y aunque no le costó nada, ¡¡cuánto me costó a mí!! La noche siguiente fue el turno del mayor que estaba muy ilusionado, pero a la hora de subir se arrepintió y me dijo: «no quiero subir mamá, quiero dormir al lado tuyo» casi en lágrimas. Mi hija vio la oportunidad y dijo: «Entonces yo duermo un poquito agarrando la teta y luego subo, ¿vale?», pero nunca subió y la cama de arriba quedó vacía…

Me doy cuenta de que ya nos queda poco de «dormida comunitaria», de dormida en tribu. Me doy cuenta de que ella está casi lista, que a él le cuesta un poco más aunque sea mayor. Me doy cuenta de que yo no estoy lista, para nada lista, no quiero soltar aún. Inconscientemente no quería que escogieran la litera y tampoco que las camas que tendrán en su cuarto

nuevo sean literas porque ya no podré llevarlos a
dormir y quedarme a su lado. No estoy lista, quiero
exprimirlo más. Quiero aprovechar cada noche.
¿Cuánto nos quedará: uno, cuatro o seis años con
toda la suerte? De a poquito iré saliendo de sus camas,
así tiene que ser y así será, pero todavía no, todavía no
quiero, todavía no estoy lista. A veces ellos no están
listos para hacer o entender algunas cosas y a veces la
que no está lista es una. Mientras se deciden,
seguiremos yendo a la cama gigante los tres juntos,
uno de cada lado, yo en el medio hasta que se
duermen y un rato más también.

7 PÉRDIDA DE LA IDENTIDAD

Reencontrarse

Los hombres muchas veces subestiman o no son del todo conscientes del inmenso sacrificio que las mujeres debemos hacer durante las cuarenta semanas de embarazo. Nuestro cuerpo atravesará increíbles cambios. Estaremos en riesgo de padecer complicaciones en nuestra salud, sin contar el reflujo, las infecciones urinarias, las náuseas. Nuestros hábitos alimentarios cambiarán, nuestro ritmo de sueño cambiará, nuestro humor cambiará. La autoestima se verá afectada en muchos casos y lo más importante: nuestra propia vida estará en riesgo. Y a pesar de todo, muchos de estos hombres (y también mujeres), injustamente esperan que nuestro cuerpo vuelva a la «normalidad» como si nada de esto hubiera pasado y aplauden y felicitan a las celebridades que en tres meses lucen sus esbeltas figuras en la pantalla. Mientras tanto nosotras quedamos con heridas y cicatrices de batalla tratando de esconderlas. Nosotras nos preguntamos a veces (o muy seguido) si aún seremos lo suficientemente atractivas. Nosotras tratamos de acomodar toda la revolución hormonal que nos lleva de la alegría infinita a la depresión posparto. Nosotras batallamos con la culpa de si no tenemos tiempo de ir al gimnasio o hemos comido fuera de horario. La realidad es que cada mamá ha sacrificado su propio cuerpo y ha dejado de lado la vanidad para traer vida a este mundo y de eso todos nos olvidamos. Los hombres deberían valorar y recordar siempre que este sacrificio de tanto amor y entrega los ha transformado en padres. Más amor, más empatía, menos presión, menos comparaciones banales.

Son Momentos

¿Quién soy?, la maternidad me cambió, ahora pareciera que solo soy una madre, pero aunque adore a mis hijos y aunque suene fuerte: ser mamá no me llena por completo. Siento que soy alguien más pero no se quién, porque definitivamente no soy la misma de antes. Y en medio de esta fragilidad lloro como una niña sentada en mi cama un viernes a la noche porque estoy perdida, porque me perdí y ya no sé quién soy. Algunos dirán que «exagero», otros que me «quejo mucho», que soy una «desagradecida», pero sé que hay miles que se verán reflejadas en mí y para ellas escribo. Son momentos, son instantes.

No soy más una nutricionista, ni una diseñadora,

no soy una *yoguini*, ni voluntaria, ni artista, ni orfebre, ni escritora. Lo que sí soy todo el día es una mamá y eso me demanda casi todo mi tiempo y más aún, mi energía. Quiero conocer gente interesante en salidas improvisadas como antes de tener hijos. Quiero tener proyectos a largo plazo y objetivos. Quiero definirme más allá de la maternidad porque a veces siento que me excluye, que me limita y me hace a un lado de otros espacios que antes frecuentaba y de debates de los que ya no opino.

Quiero despertarme un domingo a la hora que quiera y leer un libro, sin mocos, sin pañales, en silencio. Porque ser mamá es como ser niñera y árbitro al mismo tiempo, a todas horas, todos los días del año. Y hoy estoy cansada y hoy me siento egoísta y hoy me extraño, me extraño mucho. Son momentos, son instantes.

Extraño a la que fui. Extraño estar sola y que nadie dependa de mí por un buen rato. Extraño ser dueña de mi cuerpo y de mi sueño. Extraño las charlas hasta la madrugada y las noches en la que amanecía con mis amigas después de interminables charlas, risas y no estas noches en vela controlando temperaturas.

Quizás me abandoné, quizás estoy muy sensible, o tal vez es solo falta de sueño.

Mañana será otro día con energía renovada y mucho amor para dar y estoy segura de que en unos años ya me habré reinventarlo, pero es absolutamente válido hacer CATARSIS cuando una así lo siente. Hoy, colega mamá, te abrazo y me abrazo.

Mi esencia

La maternidad puede llegar a ser agotadora. Como mamás vivimos planificando, programando, organizando y eso genera una carga mental notable.

Cuando criamos niños pequeños perdemos o dejamos en «pausa» actividades, carrera, algunas veces amigos, proyectos. Pero creo que de todas esas pérdidas, la que más duele es la pérdida de la propia identidad, es ese verte en el espejo y no reconocerte y no hablo solo de las ojeras, las nuevas canas o los kilos posparto que nunca bajaste. Hablo de NO reconocer a la versión gruñona, agotada, alterada de nosotras mismas. Es mirarte y decirte: «¿quién demonios eres?, ¿a dónde te llevaste mi esencia?». Es mirarte en el espejo y pensar cómo tu familia puede soportarte si hay días en los que ni tú misma te aguantas, si hay momentos en los que te gustaría escaparte de tu propio cuerpo. Es mirarte y que se te caigan las lágrimas de lo perdida que estás. Toma tiempo, como todo, volver a conectar con una misma, toma tiempo confiarle a los demás nuestros hijos, toma tiempo soltar. Toma tiempo volver a poner la brújula en su lugar pero eventualmente sucede, se calibra día a día, paso a paso. Volver a conectar con la mujer más allá de la madre es como el vapor de una larga ducha: tratas de limpiar el espejo una y otra vez pero aun así no logras verte hasta que abres la ventana y dejas salir el calor y entrar el frío y cuando eso sucede ahí te ves, en el espejo nuevamente. No tengas miedo, ya vas a reconocerte, quizás no como la que fuiste si no como la que eres ahora, otra versión de ti misma más resiliente, más fuerte, mucho más enfocada en lo que, al final de cuenta, realmente importa.

Mi «yo con hijos»

Y una mañana te despiertas y dices: «Guau, soy una mamá»... seguramente no el estereotipo de los ruleros, el collar de perlas, el delantal de florecitas y la sonrisa de la opresión, pero si has adoptado un segundo nombre: Mamá y otro un poco más fuerte aún: SEÑORA. ¿En qué momento pasé de «chica» o «joven» a señora? Y no es que haya algo malo en envejecer, pero cuando de golpe pasas a otra categoría es movilizador, es un despertar y hay que abrazarlo y procesarlo. Ahora pasas tiempo en grupos de wasap organizando cumpleaños, preguntando sobre excursiones y coordinando para ver a quién le toca recoger a los niños. Cuando menos te das cuenta y miras tus manos es evidente que tus uñas necesitan un retoque, aunque han dejado de ser prioridad. Los domingos por la mañana han cambiado totalmente su dinámica y ahora eres tú la que -parodiando a tu mamá sin darte cuenta- les ruegas a tus hijos que te dejen dormir un ratito más y cada minuto de siesta se ha transformado en oro líquido.

Ahora eres tú la que recibe dibujitos que atesoras en la nevera y la que a veces siente que lleva el rol del «sargento». Ahora eres tú la que va al supermercado persiguiendo chicos por los pasillos y la que al acostarse repasa las mil actividades para la semana siguiente. Ahora eres tú (o tu pareja) quien se asoma preocupada para ver si lloverá: «¡Dios no quiera. Ya no les quedan calcetines limpios!».

Y cuando paras un minuto para tomar tu café (helado) y te das cuenta cómo ha cambiado tu vida te abrumas un poquito, ¿no? ¡Claro, Mujer! ¡Es que ha cambiado mucho! Es normal sentirse abrumada porque aún estamos en proceso de asimilar y adaptarnos a este nuevo rol, como un cangrejo que le roba su casita a un caracol: hay que ajustarse, adaptarse y buscar la comodidad de este nuevo 'yo compuesto'.

Los hijos son esos gurús que alguna vez pensaste ir a buscar a la India o al Tíbet: ellos son los grandes maestros que nos despiertan el *koan* (acertijo) más movilizador: ¿quién está educando a quién?

Mi rol de mamá

Mi rol de mamá no es decirte qué hacer, evitar que te aburras, divertirte o elegir los juguetes para que juegues. Mi rol es estar a tu lado, acompañarte. Mi rol es estar presente sin exigir, sin apurar, sin limitar. Te dejo explorar el mundo, cerca tuyo pero no encima. Trato de mantener mi consciencia abierta para evitar cargarte de adjetivos o etiquetar el mundo a tu alrededor. Mi rol como mamá es acompañarte y dejar que lo descubras por tus propios medios. A veces me cuesta mucho controlarme para no dirigir, porque es algo que los adultos tenemos incorporado.

Mi rol de mamá no es asfixiarte, tampoco dejarte en soledad, es sentarme en la esquinita mientras descubrís el universo con el corazón abierto, para ayudarte si me lo pides y para consolarte si lo necesitas. Mi rol como mamá es aprender a desaprender muchas cosas que me enseñaron para cortar algunos ciclos y para dejarte ser aquí y ahora. Mi rol de mamá es conectar con tu mundo interior desde la igualdad y el respeto, es dejarme sorprender, es redescubrir contigo y no por ti.

Mi rol como mamá es aprender a interpretar y traducir tus gestos, tus movimientos, tus palabras en chino para así poder satisfacer tus necesidades. Mi rol de mamá no es resolver tus problemas antes de dejarte intentarlo, no es abrirte la caja ni armar el rompecabezas, es dejarte hacerlo sin presionar y sin juzgar.

Mi rol de mamá es mantener la atención plena, es gestionarme para ayudar a gestionarte, es liberarte de toda expectativa o deseo del ego. Es dejarte libre, es facilitarte el espacio seguro para que te muevas libre, controlando mis impulsos para no dirigir tu juego, no frustrar tus descubrimientos. Es dejarte subir, bajar y bailar al ritmo de tus intereses. Mi rol de mamá es dejar que te ensucies, es dejarte agarrar el palo y tirar la piedra, es dejarte subir al tobogán solita aunque tenga miedo.

Miro, percibo, observo, dimensiono, gestiono, actúo.

Mi rol de mamá es reconocer tus logros y progresos sin desmerecer tus errores ni señalarlos, pero tampoco mintiendo o exagerando.

Mi rol de mamá no es controlarte, no me perteneces. Mi rol es escuchar tus mil formas de comunicarte y guiarte dejándote elegir cuando es posible y explicándote los por qué cuando no lo es. Mi rol es anticiparme a tus necesidades para estar preparada, es abrazar fuerte tus frustraciones.

Mi rol es acompañarte y no domarte, porque sé que eres fuego vivo, porque sé que tienes las cualidades para hacer de este mundo un lugar mágico, porque eres un ser humano, un ser vivo, vulnerable, inocente y mereces respeto.

Mi rol es estar disponible sin invadir, es estar presente sin asumir. Mi rol es amarte libre sin buscar absolutamente nada a cambio.

La mujer que soy hoy

Yo no cambiaría mi experiencia en la maternidad por nada en el mundo, aun con sus sombras me ha enseñado demasiadas cosas, ha cambiado mi visión del mundo, del género y me ha obligado a arreglar asuntos pendientes para ser mejor personas. Sin la maternidad no sería quien soy hoy, y amo la mujer que soy hoy.

No somos ni mamás infalibles ni malas madres, somos mujeres tratando de dar lo mejor con las herramientas que tenemos y en las circunstancias que nos toca vivir, porque digan lo que digan y critiquen lo que critiquen la única certeza de la maternidad es que nadie nunca va a amar o cuidar de nuestros hijos como nosotras lo hacemos.

Si cumplir con todas las expectativas de la sociedad es ser buena madre entonces soy la peor de todas, porque no importa lo que haga, siempre va a haber alguien que critique mi maternidad. Pareciera que las madres somos figuras públicas: entérense señor, señora, que NO lo somos y si no pedimos su opinión lo mejor es que use su voz interior.

¡Un brindis por las malas Madres!

La madre invisible

—¿Y a qué se dedica?, ¿de qué trabaja? (SILENCIO incómodo).

—Bueno, de profesión soy nutricionista, pero he dejado de ejercer por unos años para estar más presente en la crianza de mis hijos.

—Entiendo… entonces no trabaja.

¿QUE NO TRABAJO? No, no me pagan que es distinto. Trabajo todo el día y también en las noches, vacaciones y navidad. Soy contadora, nana, enfermera, cocinera, maestra, guardaespaldas, barrendera, cuentacuentos, cantante, estilista, asistente de producción, fotógrafa, organizadora de eventos, taxista, árbitro, *personal shopper*, camarera, psicóloga. Soy mamá, trabajo, pero no me pagan con dinero, mis cheques son besos pegajosos, dibujos fuera de este mundo, flores silvestres y «mamá, te amo», lástima que para la sociedad lo que hago no sea lo suficientemente notorio como para darme una mano en lo económico o ayudarme a reinsertarme en algunos años. Me gustaría volver a trabajar de manera remunerada, pero hoy no es el momento y hoy no es para siempre. Esa es mi elección y es un lujo en este mundo poder elegir.

Vulnerabilidad

Estaba mirando fotos de mi segundo embarazo que fue atípico, porque estábamos viajando, no teníamos residencia fija, así que recuerdo que me hice una ecografía en México, otra en España y otra en Argentina. También recordé que cuando me enteré que estaba embarazada me puse inmensamente feliz porque era un embarazo buscado. Pero unos días después lloré a solas en plena catarsis, porque caí en la cuenta de que no iba a tener independencia por varios años más. Eso no significaba que amara menos a mi hija en camino, digamos que era una especie de «duelo de mi yo». Cuando los hijos se llevan poco tiempo, es muy intenso, uno deja el pañal y le sigue el otro, uno sale del periodo de rabietas y la otra entra, ambos quieren y se disputan el amor y el tiempo de mamá y cuando son muy pequeños es complicado que comprendan que hay amor para todos. Es todo un desafío, pero también sucede que un día sin darte cuenta los críos se han pasado una hora jugando sin conflictos y sin interrupciones, porque la niñez es impermanente y todo pasa, todo menos ese amor incondicional e infinito hacia los hijos. Es importante dejar salir a pasear a nuestra vulnerabilidad y no sentirnos culpables si de repente necesitamos descargar con unas lágrimas. Eso es quitarnos pesos de encima, somos humanas.

Crecer a la par de los hijos

Las mamás crecemos a la par de los hijos. A veces tenemos miedos y esos miedos también se procesan y se van, y quienes los disuelven son los propios críos que mientras van creciendo y se van desarrollando nos muestran con gestos, actitudes y acciones que están listos para la próxima etapa. Hace un año atrás si me hubieran dicho que mi chiquito iba a estar sin nosotros en la casa de su amigo no lo hubiera creído y aunque piensen que exagero creo que ni él ni yo estábamos preparados. Hoy con sus cuatro años se ha quedado por horas, por su propia voluntad y yo estoy tranquila y feliz de que esté pasando, porque para mí también es un proceso soltar y dejar, a mi tiempo, según mi sentir y mi instinto. Para mí también es un proceso el confiarle a otros adultos mis tesoros más preciados y no lo tomo a la ligera. Cada hijo es diferente y cada experiencia maternal también lo es. Me arrepiento de muchas cosas de mi vida, pero nunca me arrepentiré de no haber soltado su mano cuando todavía él no estaba listo, nunca me arrepentiré de haber forjado un apego seguro que hoy nos permite a ambos estar separados físicamente sabiendo que el otro está bien y que en el corazón siempre estaremos unidos.

Renacer

Después de los hijos renace una pareja nueva, ya no es la misma de antes y nunca lo será. Si han podido superar las tempestades de la crianza serán más fuertes, pero como todo bebé recién nacido necesitan amor, cuidado, paciencia y conexión. Necesitan ser redescubiertos, cada parte de este nuevo cuerpo, cada aroma. De a poquito mamá y papá (mamá y mamá, papá y papá) vuelven a conectar, ya no como los que eran antes, pero tampoco como los que fueron durante los primeros años de vida de los hijos, tan agotados y confundidos.

Ahora deben sanar lo pendiente y seguir adelante en su nuevo rol. Saliendo solos de vez en cuando, recuperando su «yo sin hijos» y también recuperando su «nosotros sin hijos». Deben volver a seducirse, volver a ser novios/as.

Si no tienen pareja, mamá o papá deberán hacer este proceso de «enamoramiento» y sanación con ellos mismos, de deconstruirse y reconstruirse. Si quieren o necesitan una nueva pareja, la que venga seguro deberá tener cualidades y dones que no tenían tan en cuenta antes de tener hijos.

Todos crecemos, mutamos, cambiamos, pero el amor es energía viva y como tal no se destruye, se transforma.

¿Y a mamá quién la sostiene?

En mi tesis del máster cité un estudio científico que postula que de cada diez madres dos sufren de síndrome de *burnout* materno, que es el resultado del estrés crónico que provoca la crianza de los hijos. El agotamiento emocional es una de sus variables más potentes y no significa estar físicamente cansadas, es profundo, es coyuntural. De las ocho restantes, seguro que la mitad se encuentra con estrés, ya sea por las excesivas demandas, por problemas de pareja, por no poder conciliar familia/trabajo remunerado, porque no alcanzan las horas del día, por la fatiga y dormir poco, por el aislamiento, por la falta de hombro en el que apoyarse. La salud materna es

IMPORTANTÍSIMA, pues una mamá estresada, deprimida, con ataques de pánico o ansiedad no puede ni con ella misma, ¿cómo podrá, entonces, con sus hijos?, ¿por qué debería poder sola con todo?, ¿quién cuida a la madre agotada?, ¿y a mamá quién la sostiene?, ¿y a mamá quién la contiene? Lo que podemos y debemos hacer es visibilizar hasta encandilar que la salud mental materna debe ser una prioridad en la agenda política, que las madres no «exageramos» pues la ciencia nos avala.

La metamorfosis de una madre

Antes de ser mamá tenía muy claro que primero sería mujer y luego madre, que no quería que la maternidad me absorbiera dejando de ser Ana para ser «la mamá de…». Luego entendí que las cosas son mucho más profundas y están enraizadas y entrelazadas de una manera tan fuerte que era imposible seguir siendo simplemente Ana. Ya no podía elegir entre ser mujer o madre porque ya era mujer-madre, todo junto. La maternidad es intrínseca, es tan parte de una que no se puede separar, es como querer separar un brazo del cuerpo.

La maternidad implica reformular prioridades, reinventarse y redefinirse como mujer-madre, lo que NO quiere decir que las mamás no tengamos vida propia, sueños propios o que hayamos perdido parte de nuestra esencia, por el contrario quiere decir que hemos sumado y ganado.

Quiere decir que no importa lo que pase, de ahora en adelante siempre seremos un nuevo ser, aun cuando los hijos ya no estén físicamente, nunca podemos volver a ser lo que fuimos porque la metamorfosis fue tan grande y el caos tan bello que siempre serán parte de nuestra historia, de nuestro ser.

Si volviera a ser la de antes

Si volviera a ser la antes ya no sería yo. ¿Cómo podría volver a ser la de antes? ¿Cómo quitarle a la mariposa las alas y regresarla a crisálida? ¿Cómo decirle a la mariposa que deje de volar y regrese a ser oruga en tierra firme, lenta, previsible? Como toda metamorfosis ha sido un camino duro por momentos, meterse en el capullo interior, dejar ir el cuerpo conocido, la forma conocida. Ha sido aterrador no saber qué pasaría al salir, no saber con lo que iba a encontrarme, no saber si tenía lo que se necesita para enfrentar lo que sea que pase. Pero estas dos alas que me ha dado la maternidad: el autoconocimiento y el amor incondicional por mis hijos no pueden ser arrancadas, ya son parte de mí e irán a donde yo vaya. Mis hijos crecerán, se irán, trazarán su propia ruta, pero ya nunca dejaré de ser Ana y mamá, porque mamá sin Ana es gusto a poco; pero Ana sin mamá, directamente ya no es Ana.

El cuerpo colectivo

Nunca antes en mi vida me sentí tan desconectada de mi cuerpo. Nunca antes sentí que no me pertenece, que no era de mi potestad. Porque desde que soy madre mi cuerpo es el cuerpo de otros, el cuerpo de todos, el cuerpo colectivo: el cuerpo que abraza constantemente, el cuerpo que carga y transporta, el cuerpo que acaricia, el cuerpo que sostiene, el cuerpo que contiene los desajustes emocionales, el cuerpo que separa y pone un alto a los conflictos entre hermanos, el cuerpo que queda hecho una bolita en un rincón de la cama rodeada por sus peques, el cuerpo que da teta día y noche, noche y día. Entonces, cuando los niños se duermen y tengo esa diminuta franja de tiempo en el cual puedo estar conmigo misma, este cuerpo se resiste a ser tocado por mi pareja, se aleja, lo rechaza. Y eso me genera culpa, y eso le genera enfado y eso nos genera desconfianza.

Pero no tiene que ver con él, tiene que ver conmigo porque por casi una década mi cuerpo dejó de ser mío y solo mío, mi cuerpo estuvo al servicio y disposición de dos criaturas todo el tiempo desde los embarazos, pasando por la exterogestación, siguiendo por teta y la contención emocional de la primera infancia que es tan física. Mi cuerpo fue de todos menos mío. Por eso por la noche ya no quiero ser tocada, ni abrazada ni contenida, quiero estar sola, quiero distancia, espacio. Y espero que él entienda, que se trata de mí, que necesito un poco más de tiempo y de paciencia para reconectar con el cuerpo de todos, para volver a sentirlo mío, para que desde ese lugar pueda nuevamente reencontrarse con el suyo no desde mandatos o exigencias sino desde el amor propio y el deseo genuino. Espero que él entienda, espero que mi hijo de mayor llegue preparado y contenga a su pareja desde la no presión.

Como el bambú

«El bambú que se dobla es más fuerte que el roble que resiste», predica un proverbio japonés.

Me doblo cuando me muestro humana.

Me doblo cuando dejo que mis hijos vean mi vulnerabilidad.

Me doblo cuando digo basta.

Me doblo cuando dejo de compararme.

Me doblo cuando no dejo que mi ego domine mi crianza.

Me doblo cuando reconozco que es más duro de lo que imaginaba.

Me doblo cuando pido ayuda.

Me doblo cuando acepto ayuda.

Me doblo cuando recibo una crítica desde el no ego.

Me doblo cuando elijo trabajar mis heridas de la infancia.

Me doblo cuando estoy demasiado cansada y dejo la limpieza para más tarde.

Me doblo cuando elijo autocuidarme y ser autocompasiva.

Me doblo cuando me elijo, aunque sea una vez cada tanto.

Me doblo cuando me digo que lo estoy haciendo bien.

Me doblo y me estiro, dejo que el viento me mueva, dejo el control de lado, no juego a ser roble, no soy una supermadre, soy una madre humana, movilizada, fuerte pero flexible, fuerte pero sensible, fuerte pero no de piedra.

Mutar

¿Dónde quedamos? ¿En qué lugar nos perdimos bajo la pila de ropa para lavar? Debajo de las 1.000 actividades «compartidas» pero que nada tienen que ver con nosotros... ¿En qué rincón nos escondemos debajo de los niños y sus inagotables demandas?

No logro encontrarnos y te juro que nos he buscado. Ya no puedo vernos sin ellos, ni siquiera puedo recordarnos sin ellos. ¿Qué nos gustaba hacer juntos? ¿De qué cosas disfrutábamos? No logro recordar.

¿Qué quedará de nosotros cuando se vayan? ¿Quedará algo de donde escarbar o será la antesala del adiós? ¿Habrá valido la pena tanta renuncia, tanto descuido por el afán y la convicción de criar con respeto? ¿Habremos cruzado los límites de la radicalidad?

¿En dónde quedó lo que se hizo vida? ¿En qué rincón se escondieron nuestros proyectos?, o mejor dicho: ¿dónde nos quedamos nosotros?, porque evidentemente hemos parado en distintas partes del camino, o tal vez hemos recorrido atajos diferentes.

Sea como sea, por momentos ya no caminamos juntos, puede que sigamos una dirección compartida, pero no «juntos».

Tomarse un tiempo y un espacio. Probar, probarse, probarnos… que podemos solos, que aunque costará podremos estar bien, podemos hacerlo bien a solas, para desde ese lugar elegir quedarnos desde el amor y no desde el miedo, la obligación o la incertidumbre.

A veces te miro y no sé quién eres, irreconocible tras una mirada que ya no es familiar. Algunas otras veces, cuando te gana la vulnerabilidad y el dolor, logro ver a ese ser del que en algún momento me enamoré. Algunas veces...

Decidir

Decidir cuándo irse, decidir cuándo quedarse. Quizás está frase antes de la maternidad no te hacía mucho sentido, pero seguramente entenderás lo que compartiré ahora. Cuando maternamos, muchas veces perdemos este poder de decisión. Si salimos al parque y se hace tarde, pero justo tus hijos están en medio de un juego muy divertido, aunque tengamos ganas de regresar a casa, nos quedamos un rato más, por ellos.

Y lo mismo sucede cuando se da la situación contraria: si tenías muchas ganas de pasar la tarde en la playa, pero tu criatura que no durmió siesta, está muy alterada y frustrada, quizás regreses a casa antes de lo que hubieras querido por ella, para que descanse, por más deseo que hayas tenido de ver el atardecer en la playa.

El decidir irse y el decidir quedarse se desvanecen y aunque parezca algo superficial no lo fue para mí. Se siente como un poco más de pérdida de libertad y de decisión. Surge un conflicto entre el querer y el deber.

Pero en esa pérdida de decisión estamos respetando los tiempos de la infancia en lugar de luchar contra ellos, y como todo: pasa.

Hoy dejé a los chicos con su papá, cogí el coche y me fui a ver el atardecer al acantilado, algo que nunca había hecho desde que llegamos a vivir aquí hace cuatro años. Y me quedé, respiré y disfruté el momento y me dejé curar un poco por la naturaleza y decidí volver cuando sentí que mi necesidad estaba satisfecha, cuando llené mi vista de un paisaje hermoso y llené mis pulmones de aire puro. Hoy decidí cuándo irme y cuándo volver. Y se siente fantástico, y ya te va a tocar a ti, paciencia.

En este sentido, veo un paralelismo con la relación de pareja: cuando hay hijos pequeños a veces sentimos que aunque quisiéramos irnos nos quedamos, por ellos, porque nos da miedo que al separarnos los lastimemos o que cambie su noción de estabilidad, incluso da miedo dividir la custodia, el hacerlo sola. Y nuevamente surge un conflicto entre el querer y el deber. Pero ese empoderamiento en la decisión de irte o quedarte también va a llegar, si te escuchas, si trabajas en ti. Quizás necesites decantarlo algún tiempo, pero también va a llegar y puedo asegurarte algo: VAS A ESTAR BIEN. Si te quedas que sea porque quieres, no por miedo.

Con escala de grises

Quiero que me recuerden como la mamá que les permitía llenarse de barro y saltar en la lluvia.

Quiero que me recuerden como la mamá que se permitía dejar los platos sucios para jugar con ustedes.

Quiero que me recuerden como la mamá que les permitía llorar y hasta llorábamos juntos.

Quiero que me recuerden como la mamá que los alentaba cuando tambaleaban y los sostenía cuando se caían.

Quiero que me recuerden como la contadora de cuentos, la *pintacaritas*, la reina de las cosquillas.

Pero también quiero que recuerden mi versión posparto, mi versión más rota.

Espero que recuerden a la mamá que podía decir que no y lo sostenía.

Espero que me recuerden como la que metía la pata y pedía perdón.

Espero que me recuerden como la que alguna vez les dijo «ya basta, pooor favoooor!».

Espero que me recuerden como la mamá que los cuidaba, pero que también se cuidaba a sí misma.

En definitiva, quiero que me recuerden humana y no perfecta, presente plenamente y no ausente a medias. Quiero que recuerden mi escala de grises para que el día de mañana puedan aceptar la propia.

Amorosa, pero no asfixiante; amiga, pero no esclava; comprometida, pero no sumisa.

Deseo que entre nosotros no queden asuntos pendientes.

Deseo que sientan que siempre tendrán un lugar en casa a donde volver.

Deseo que cuando me recuerden sientan que di lo mejor que pude, a mi manera.

Deseo que cada beso, cada abrazo, cada te amo, cada paseo, cada mimo, cada consuelo queden grabados a fuego y sirvan para aplacar mis debilidades, mis errores, mis hartazgos, mi apatía, mis tonos de voz elevados. Deseo ante todo alivianar la mochila de sus vidas para que lleguen más rápido y mejor preparados para ser quienes han venido a ser, sin contaminar con mis proyecciones y con mis sueños truncos su propósito en la vida. Creo que vamos por el sendero correcto.

Una no es madre, se hace madre en el camino. Se hace y se deshace y se rehace de los pedacitos. Maternar es el trabajo con la mayor entrega que he realizado jamás, y a la vez, el que más me ha entregado.

Los amo,
Lo siento,
Gracias,
Hasta el infinito punto negro.

Las madres ovejas negras

La mamá oveja negra es aquella que se atreve a cortar con mandatos patriarcales y crianzas adultocentristas. Es la que se anima a seguir su instinto aunque la familia o el círculo cercano la haga dudar. Las madre oveja negra es la que decide con plena conciencia cortar relaciones tóxicas sin importar el vínculo sanguíneo, cuando se percata de que esos lazos disfuncionales pueden afectar a sus crías. La mamá oveja negra es la que hace terapias de todo tipo para sanar sus heridas de la infancia y para sanar también su linaje, muchas veces enceguecido por sus propias heridas no resueltas.

Las mamás ovejas negras somos las señaladas, esas de las que siempre se cuchichea a sus espaldas, se cuestionan, se critican se juzgan «"¿Por qué ha dejado su trabajo? ¿Por qué lo carga todo el rato? ¿Por qué a cada que llora le mete la teta? ¿Por qué no lo castiga?,

¿Por qué no lo mete en la guardería de una vez?, siempre creyéndose superior al resto"», si supieran lo doloroso que es abrir todas esas cajitas de experiencias traumáticas enquistadas y escondidas en los cajones del alma generación tras generación.

En cada familia siempre hay una mamá oveja negra, valiente, que muchas veces se sintió sola, que muchas veces dudó si lo estaría haciendo bien, pero que eligió el sexto sentido, el instinto, la tripa, la intuición. En cada familia hay una mamá oveja negra que no solo tiene que trabajar en ella, sino en toda la carga del trauma familiar que ninguno de sus parientes o incluso su pareja y amistades quieren o pueden ver.

Es solitario ser oveja negra... Pero un día cualquiera, más temprano que tarde, cuando la mamá oveja negra se empodera y levanta la frente y la mirada en el cerro de la pradera avista a lo lejos a muchas otras ovejas caminando en el sentido contrario al de su manada, a contracorriente, como ella. Y cuando se detiene a mirarlas y se ve reflejada en ellas y se da cuenta de que siguen el mismo rumbo, ya no se siente sola. Y cuando las observa, calmadamente, de rabo a cabeza, algo mágico sucede: se da cuenta que no son ovejas negras como las llaman los otros, son ovejas multicolor, dueñas de un brillo único, el que aporta el amor propio, la empatía, la conciencia y la evolución psicoespiritual. Las ovejas multicolor, cambiaremos el mundo.

NOTAS FINALES

Hoy una mamá me decía en mi instagram: «En esta época y con tanta información disponible siento que siempre hay algo que estoy haciendo mal», creo que en sus palabras hay mucha verdad. Estamos maternando en la era de la información, en plena revolución digital y con tan solo un clic podemos adentrarnos en cualquier temática que nos plantee dudas. Y aunque esta realidad trae aparejada muchas ventajas y beneficios, también conlleva ansiedad y la inquietud constante que implica escoger un estilo de crianza disciplinario, alimentario, escuela, entorno, relaciones que sean las más adecuadas para nuestros hijos, porque hay tanta información contradictoria y hasta absolutamente opuesta, que resulta abrumadora. Ahora cualquiera puede citar algún estudio científico para sustentar esto o aquello y eso genera dudas y sería necesario hasta saber metodología de la investigación para poder discernir si la publicación científica de referencia es o no relevante. Por eso, mi consejo es que sigas tu instinto, si algo realmente te parece antinatural, no lo hagas. Todo lo que nace del amor, del debate, del entendimiento, del consenso y de la sugerencia probablemente sea positivo; mientras que las exigencias, el perfeccionismo, las imposiciones, los extremismos y las polaridades es muy probable que resten en lugar de sumar.

Vas a equivocarte miles de veces en tu maternidad, así como se equivocaron tus padres y así como se equivocarán también tus hijos, es simplemente parte de esta humanidad compartida: la imperfección. Pero es en esas equivocaciones con las que puedes crecer, aprender y ser mejor persona, si procuras no quedarte enredada en la culpa y en la testarudez. No te culpes, no te castigues, repara.

Muchas de esas «metida de patas» surgen automáticamente de todo lo que tenemos grabado a fuego de nuestras propias vidas y mientras puedas entender que tus errores NO te definen como persona vas a estar bien. Mi último consejo para ser un mejor modelo de madre para tus hijos es que hagas terapia, que trates de quitarte mochilas y microtraumas de tu infancia y adolescencia con ayuda profesional, no hay dinero ni tiempo mejor invertido que en viajar y hacer terapia.

Espero que estas páginas hayan aliviado tus culpas y fortalecido tu espíritu, a todas nos pasa y no estamos mal nosotras, no somos «quejosas» o tenemos «poca paciencia», simplemente estamos sobrepasadas de exigencias. Delega, prioriza y aprende a decir «no» cuando haga falta, eso no te hace mala madre, porque cuidar de tu salud y tu bienestar no es algo que tengas que ganarte o por lo que debas rogar. Nadie puede dar lo que no tiene.

Por otra parte, quiero agradecerte por haber llegado al final del libro y de paso pedirte un favor. Esta obra es una autopublicación que he realizado de manera independiente por lo que tu valoración en Amazon y en www.goodreads.com es muy importante para mí. De esta manera, «La metamorfosis de una madre» adquiere mayor visibilidad y llega a más familias. También es de mucha ayuda si me etiquetas en tus redes sociales en todas aquellas publicaciones en las que hagas referencias a este libro. Me encantaría

saber cuál ha sido tu texto favorito.

Te abrazo fuerte, desde donde quiera que me leas.
Feliz vida y feliz crianza.

Ana Acosta Rodríguez
ana@mamaminimalista.net
ana.acosta.argentina@gmail.com
Redes sociales: @mamaminimalista

ACERCA DE LA AUTORA

Ana es Magíster en Psicología Positiva Aplicada, por la Universidad Jaume I, Castellón de la Plana (España). Su trabajo final de máster es un «Programa de reducción del estrés y aumento del bienestar basado en atención plena y crianza consciente para madres de niños en edad preescolar». Previamente, se graduó en Nutrición Humana en la Universidad Nacional de Córdoba (Argentina), especializándose en Nutrición materno-infantil. Se ha formado a su vez en Mindfulness (Universiteit Leiden), Ciencias del Bienestar (Yale University), Terapia de aceptación y compromiso (Albert Ellis Institute de Nueva York), Comunicación no violenta (Pilar de la Torre) y Psicología budista en las tradiciones Zen y Sakya.

Sin embargo, su mayor mérito y el que más satisfacción y enseñanza le ha brindado, es el título de «mamá». A través de su blog Mamá Minimalista, que cuenta con más de un millón de visitas y ciento ochenta mil seguidores en las redes sociales (@mamaminimalista), Ana se ha transformando en una de las principales referentes sobre crianza consciente y empoderamiento materno, siendo convocada para desempeñarse como conferencista y oradora en diferentes plataformas Iberoamericanas.

Ana es también yoguini, emprendedora y activista.

Es una persona que, a través de la escucha activa y la empatía se ha convertido en refugio y contención de todas las que nos embarcamos conscientemente en este viaje arduo e increíble de la maternidad.

Made in the USA
Monee, IL
09 June 2025